sociología

y

política

Traducción de

SERGIO FERNÁNDEZ BRAVO

TEOLOGÍA DE LA LIBERACIÓN

los hechos esenciales en torno al movimiento revolucionario en américa latina y otros lugares

por

PHILLIP BERRYMAN

siglo veintiuno editores

MÉXICO
ESPAÑA
ARGENTINA
COLOMBIA

siglo veintiuno editores, sa de cv
CERRO DEL AGUA 248, DELEGACIÓN COYOACÁN, 04310 MÉXICO, D.F.

siglo veintiuno de españa editores, sa
CALLE PLAZA 5, 28043 MADRID, ESPAÑA

siglo veintiuno argentina editores

siglo veintiuno editores de colombia, ltda
CARRERA 14 NÚM. 80-44, BOGOTÁ, D.E., COLOMBIA

edición al cuidado de presentación pinero
portada de maría luisa martínez passarge
primera edición en español, 1989

ISBN 968-23-1521-2

primera edición en inglés, 1987

esta traducción se publica por acuerdo con
pantheon books, división de random house, inc.
ISBN 0-394-74652-x

título original: *liberation theology. the essential facts about the revolutionary movement in latin america and beyond*

impreso y hecho en méxico/printed and made in mexico

ÍNDICE

INTRODUCCIÓN

La mañana del domingo 23 de marzo de 1980 me encontraba en San Salvador en la atestada iglesia donde predicaba el arzobispo Óscar Romero. La gente pobre, hombro con hombro, desbordaba los pasillos en el calor de la avanzada mañana. Por cerca de una hora Romero entretejió un sermón basado en los pasajes de la Escritura para el día, el cuarto domingo de cuaresma, alrededor del tema de la liberación personal, dentro de la comunidad y con relación a Dios.

Las palabras de Romero se transmitían al interior del país por primera vez desde hacía semanas, después de reparado el daño causado por una bomba a la estación de radio arquidiocesana. Durante la última parte del sermón, Romero comentó brevemente varios acontecimientos de la semana anterior, sobre los cuales no habían informado o sólo habían mencionado en versiones distorsionadas los medios informativos. La Guardia Nacional acusaba al padre Ricardo Ayala de estar involucrado con las guerrillas; la policía había registrado la casa parroquial de unos sacerdotes belgas; la arquidiócesis estaba proporcionando medios para acomodar refugiados que huían de la violencia en el campo; las tropas habían cercado la Universidad Nacional todo un día; otras tropas habían atacado la Universidad Católica y matado a un estudiante; durante toda la semana mucha gente había sido arrestada injustamente. Amnistía Internacional había encontrado que cerca de 83 personas habían sido asesinadas entre el 10 y 14 de marzo. (Aunque la guerra de guerrillas no estalló en muchos meses, la Iglesia comprobó después 588 asesinatos durante este mes, casi todos obra de las fuerzas del gobierno y de la derecha.)

Romero concluyó con una súplica a los miembros del ejército y las fuerzas de seguridad para que no mataran a los campesinos.

Hermanos, son de nuestro mismo pueblo, matan a sus mismos hermanos campesinos y ante una orden de matar que dé un hombre, debe prevalecer la ley de Dios que dice: No matar... Ningún soldado está obligado a obedecer una orden contra la ley de Dios. Una ley inmoral, nadie tiene que cumplirla.

Continuó rogándoles —y aun ordenándoles— que detuvieran la represión.

Después de la misa estuve conversando con un teólogo cercano a Romero. Cuando le expresé mi preocupación por ese desafío tan directo a los militares me dijo que el asunto había sido discutido durante la acostumbrada reunión, los sábados por la tarde, de un grupo de sacerdotes, hermanas y laicos, con quienes Romero consultaba sus sermones. El grupo había coincidido en que el nivel de las matanzas lo hacía necesario a pesar del riesgo.

Me encontraba en El Salvador con un grupo eclesiástico ecuménico. Tras la misa acudimos a una conferencia de prensa y después nos encontramos con Romero y algunos de sus consejeros. Con su corte de pelo militar y sus anteojos, y con su aire clerical, Romero no encajaba en mi idea de un profeta. Luego, en la tarde, entrevistamos a algunos de los primeros refugiados del conflicto, a quienes había recibido en los terrenos del seminario donde también se encontraban las oficinas arquidiocesanas y esa noche, cuando caminaba por una desierta avenida de San Salvador, empecé a preguntarme si el sermón de Romero no sellaría su destino.

Al día siguiente encontramos en la calle una detestable hoja mimeografiada en la que se comparaba a Romero con Jomeini. La mañana del lunes, mientras entrevistábamos a la Comisión Salvadoreña de Derechos Humanos, nos llegó la noticia de que Romero había sido balaceado mientras decía misa. Pasamos los dos siguientes días en compañía de sus asombrados y acongojados colaboradores; el funeral mismo fue disuelto por una bomba y un ataque con armas automáticas.

Esos momentos —el sermón, el asesinato de Romero y su funeral— se cuentan entre los más importantes de mi vida; y expresan también la esencia de la teología de la liberación. Lo que dijo el arzobispo tenía un innegable impacto político: llamaba a los soldados a desobedecer. Sin embargo tan sólo les recordaba el mandamiento de Dios "¡No matarás!" La finalidad de su prédica era señalar el auténtico sentido teológico del dolor y la lucha en El Salvador, y preparar a su pueblo para seguir esperando. Con un tipo similar de fe muchos latinoamericanos han arriesgado y sacrificado sus vidas.

La teología de la liberación ha atraído considerable atención en años recientes. En cada uno de los principales viajes del papa Juan Pablo II a América Latina (México, 1979; Brasil, 1980; Centroamérica, 1983; países andinos de América del Sur, 1985) ha lanzado advertencias aparentemente dirigidas a los teólogos. En septiembre de 1984, el Vaticano publicó un importante documento señalando sus peligros, y en 1985 impuso silencio al sacerdote franciscano brasileño Leonardo Boff. En Nicaragua los sacerdotes prestan servicio en un gobierno revolucionario, mientras que los obispos católicos son figuras principales de la oposición.

La controversia no es un mero asunto interno de la Iglesia; ha tenido un papel destacado en los esfuerzos de la administración Reagan para justificar su política en Centroamérica. Un documento de 1980 planeando una nueva política en América Latina, escrito por el Comité de Santa Fe, cuyos miembros formaban parte del círculo de Reagan, indicaba que la "política de Estados Unidos deberá empezar a contar con (no a reaccionar contra) la teología de la liberación como es utilizada en América Latina por el clero de 'teología de la liberación' ".

Las informaciones periodísticas refuerzan con demasiada facilidad los estereotipos simplistas que pintan a la teología de la liberación como una mezcla exótica de marxismo y cristianismo, o como un movimiento de sacerdotes rebeldes decididos a desafiar la autoridad de la Iglesia. La finalidad de este libro es simplemente ir más allá de los clichés y explicar qué es la teología de la liberación (principalmente en América Latina), cómo surgió, cómo funciona en la práctica y cuáles son sus implicaciones. Algunas observaciones iniciales pueden ser de utilidad para empezar el análisis.

La teología de la liberación es teología —es decir, es una reflexión sistemática y disciplinada sobre la fe cristiana y sus implicaciones. Sus defensores fueron educados como teólogos, generalmente en Europa, y escriben sobre los mismos temas que han tratado siempre los teólogos cristianos: Dios, la creación, Jesucristo, la Iglesia, la gracia, etc. Este punto no siempre es evidente por sí mismo. El Comité de Santa Fe acusa a los teólogos de la liberación de usar a la Iglesia como "una arma política contra la propiedad privada y el capitalismo productivo, infiltrando en la comunidad religiosa ideas que son menos cristianas que comunistas".

Los lectores podrán juzgar por sí mismos si esta acusación es correcta y justa. En este punto yo simplemente puedo asegurar que no se puede entender la teología de la liberación a menos que se la considere como teología.

A diferencia de sus colegas de otras partes del mundo, estos teólogos por lo general no enseñan en universidades o en seminarios, al menos no por tiempo completo. Forman un grupo relativamente pequeño. Los que han publicado trabajos significativos no son más de dos o tres docenas. Casi todos son hombres, y la mayoría son clérigos católicos, aunque los protestantes han desempeñado papeles importantes en el movimiento. Estos teólogos a menudo sirven de consejeros a grupos populares y a sacerdotes, hermanas y pastores que trabajan con grupos campesinos. La mayoría de ellos dedican parte de su tiempo a trabajar directamente con los pobres. Los problemas a los que se enfrentan son los que surgen de su contacto con los pobres.

De hecho, la teología de la liberación es una interpretación de la fe cristiana a través de la experiencia de los pobres. Es un intento de leer la Biblia y las doctrinas cristianas fundamentales con los ojos de los pobres. Al mismo tiempo es un intento por ayudar a los pobres a interpretar su propia fe de una forma nueva. Un ejemplo simple pero esencial es que en la religiosidad latinoamericana tradicional, Jesús es casi mudo, en realidad casi siempre se le representa muerto en la cruz. Quizás el hecho de que su sociedad los crucifica y los mantiene mudos hace que el latinoamericano común se identifique con ese Cristo. La teología de la liberación se concentra en la vida y el mensaje de Jesús. Por ejemplo, en su sermón inicial, una especie de manifiesto, Jesús cita a Isaías, "Él me ha enviado a anunciar la buena nueva a los pobres, a proclamar la libertad de los cautivos. . ." y dice que el pasaje se ha cumplido en él. Los pobres aprenden a leer las Escrituras en una forma que afirma su dignidad y su valía, así como su derecho a luchar juntos por una vida más decorosa.

No sólo la gente es pobre; su pobreza es con mucho el resultado de la forma como está organizada la sociedad. Por lo tanto, la teología de la liberación es una crítica de las estructuras sociales que permiten a algunos latinoamericanos volar a Miami o a Londres para ir de compras mientras la mayoría de sus conciudadanos no tienen agua potable segura. En particular, los teólogos de la liberación han criticado las ideologías que justifican esa desigualdad, incluyendo su uso de símbolos religiosos. Las dictaduras militares han practicado a menudo la tortura para defender lo que gustan llamar "civilización 'cristiana' occidental".

Otra área de cuestionamiento ha sido la actividad de la Iglesia y de los cristianos. ¿Con qué criterio debe organizar la Iglesia su labor pastoral? Tómese, por ejemplo, la cuestión de la unidad eclesiástica. A medida que aumenta el nivel de conflicto social y las sociedades se vuelven polarizadas, los cristianos se descubren a sí mismos en lados opuestos. La unidad, sin embargo, se supone que es uno de los rasgos distintivos de la cristiandad. ¿Cuál debe ser el criterio de esa unidad? ¿La obediencia a los obispos y al papa? ¿Debe evitarse a cualquier costo la división dentro de la Iglesia? La teología de la liberación intenta responder a esos cuestionamientos y a los dilemas semejantes que parecen surgir de la experiencia de la Iglesia, frecuentemente en situaciones conflictivas.

Como una descripción inicial podríamos decir que la teología de la liberación es

1] Una interpretación de la fe cristiana a través del sufrimiento, la lucha y la esperanza de los pobres.

2] Una crítica de la sociedad y de las ideologías que la sustentan.

3] Una crítica de la actividad de la Iglesia y de los cristianos desde el punto de vista de los pobres.

Al mismo tiempo es una nueva interpretación del significado de la cristiandad y la recuperación de una tradición profética presente en la Biblia misma, tradición que ha sido recurrente en la historia de la cristiandad a pesar de que por lo general ha sido prohibida como herejía.

La teología de la liberación no es exclusiva de América Latina: existen nuevas teologías cristianas asiáticas y africanas, así como una teología feminista y una teología negra. Los pobres, los que no pertenecen a la raza blanca y las mujeres están buscando un nuevo significado en la fe cristiana así como revelando las deficiencias de las interpretaciones hechas por los varones occidentales blancos.

El cambio en proceso puede volverse tan importante como la Reforma protestante, que se inició como una revuelta contra las prácticas corruptas de la Iglesia romana y muy pronto se convirtió en una teología basada en la Biblia y en un nuevo modelo de Iglesia. Con su insistencia en la conversión y en la convicción personal, las iglesias reformadas estuvieron más a tono con la era moderna que el catolicismo romano, y realmente ayudaron a conformar esa época. Lo que empezó como un movimiento religioso tuvo un profundo impacto en la historia subsecuente. Es posible que la teología de la liberación represente la fase inicial de un cambio semejante en la historia de la cristiandad y que su impacto vaya más allá de las iglesias.

La teología de la liberación es también la manifestación de un movimiento mundial en favor de la emancipación humana. Esto puede sonar casi arcaico en Estados Unidos y en Europa occidental a mediados de los años ochenta, cuando los periodistas gustan de ver cualquier activismo político como un retorno a los años sesenta y en particular a insurrecciones en Estados Unidos. Sin embargo, seguramente el siglo xx se convertirá en algo más que el "siglo norteamericano". Cuando se escriba la historia de nuestro tiempo —quizá por una mano no blanca—, será tal vez el relato de la aparición en el escenario de la historia de la mayoría pobre de la familia humana.

Se puede argumentar que no se puede comprender a América Latina actualmente sin entender lo que representa la teología de la liberación. Los destinos de Norteamérica y de América Latina están cada vez más interconectados; considérese tan sólo la deuda latinoamericana. Pocos han prestado atención al hecho de que de los mil doscientos delegados a una conferencia sobre la deuda realizada en La Habana en agosto de 1985, más de un centenar eran sacerdotes católicos. En su discurso de clausura, el primer ministro Fidel Castro leyó a la conferencia una carta del cardenal Paulo Evaristo Arns de São Paulo, Brasil, en la que afirmaba que la deuda no debía pagarse a costa de los pobres. Los delegados, puestos de pie, le dedicaron una prolongada ovación. A medida que se profundice la crisis de la deuda, ¿será la teología de la liberación un factor que lleve a la Iglesia a desempeñar un papel destacado?

Una persona que busque entender la teología de la liberación puede ya encontrar muchas traducciones y estudios en inglés. Sin embargo, prácticamente todos ellos han sido publicados por editoriales relacionadas con la Iglesia y se dirigen principalmente al público religioso. Lo que he intentado aquí es hacer a este movimiento inteligible para el público en general, basándome en veinte años de mi propia experiencia. Durante mi desempeño como sacerdote católico en un barrio de la ciudad de Panamá en los años sesenta fui a Sudamérica en busca de teólogos latinoamericanos. Aunque renuncié al sacerdocio en 1973, mi labor, en especial como representante del American Friends Service Commitee en Centroamérica de 1976 a 1980, me ha mantenido cerca de la Iglesia latinoamericana. Lo que he aprendido ahí —las ideas de los teólogos así como los compromisos como el del arzobispo Romero— ha sido una especie de brújula para mi propia vida, no importa lo erráticamente que la haya seguido.

Un lector que se encuentre casualmente con los escritos de los teólogos de la liberación podría sorprenderse de su tono aparentemente abstracto. Como muchos de los teólogos insisten en la primacía de la "praxis", no le dedican mucha atención a experiencias y sucesos específicos. Parecen suponer que sus lectores —latinoamericanos— no necesitan que se les recuerden realidades locales y concretas. En este libro he intentado enraizar la teología de la liberación en acontecimientos, y mostrar su impacto práctico en los pueblos y en los barrios. No obstante, mi propósito no es contar la historia de las iglesias en América Latina —que puede encontrarse en muchos libros recientes excelentes— sino explicar lo más claramente posible las ideas de los teólogos de la liberación.

Me ha impresionado mucho la divergencia entre las suposiciones norteamericanas y las cuestiones latinoamericanas. Por ejemplo, casi cualquier disertación sobre la teología de la liberación en Estados Unidos o en Europa provocará preguntas sobre violencia y sobre marxismo. Sin embargo, los teólogos tienen muy poco —prácticamente nada— que decir de la violencia y es sorprendente la poca atención que prestan a la discusión del marxismo. Por otra parte, dedican muchísimo tiempo a cuestiones aparentemente etéreas como la relación entre el Reino de Dios y los esfuerzos por alcanzar la dignidad humana aquí y ahora. He intentado concretar esta presentación en lo que los teólogos de la liberación consideran importante, permaneciendo al mismo tiempo sensible a las dudas del público en los países más desarrollados de Occidente.

El capítulo uno describe el contexto global de los años sesenta y las propuestas iniciales de los teólogos. Los capítulos dos al cuatro se concentran en el funcionamiento de la teología de la liberación en los pueblos y en los barrios. En el capítulo cinco hago algunas observaciones sobre el proyecto general de los teólogos. El capítulo seis describe el cambiante contexto desde principios de los años setenta hasta el presente. Siguen después varios capítulos sobre temas particulares, especialmente aquellos relacionados con el impacto político de la teología de la liberación. El capítulo once estudia las teologías del Tercer Mundo, negra, hispana y feminista. El capítulo doce examina las principales objeciones planteadas por los críticos. El libro concluye con una evaluación tentativa de la teología de la liberación y su futuro.

1. DOLORES DE PARTO

SURGIMIENTO DE LA TEOLOGÍA DE LA LIBERACIÓN

En el centro de cualquier ciudad o pueblo de América Latina hay una plaza. En uno de sus lados está la catedral, la iglesia o la capilla, y en el otro el palacio presidencial, el municipal u otro edificio oficial. La encarnación arquitectónica de los poderes religioso y civil los pone frente a frente en el centro del poblado.

Desde su aparición en el Nuevo Mundo la Iglesia católica formó parte del proyecto global de conquista y colonización de los pueblos nativos por España y Portugal, y la imposición de la autoridad colonial. El papa Alejandro VI falló la división del nuevo continente entre España y Portugal y confirió a sus monarquías el derecho y deber de propagar la fe católica. Más aún, la conquista trajo un tipo particularmente agresivo de catolicismo, que reflejaba tanto el período en que España venció a los moros como la vigorosa reacción del catolicismo a la Reforma protestante.

Algunos de los primeros misioneros, sin embargo, protestaron contra la crueldad de la conquista. El más conocido es Bartolomé de las Casas, quien llegó a La Española en 1502 (su padre y sus hermanos habían estado en el segundo viaje de Colón). Las Casas se hizo sacerdote dominico en 1512. Aunque él mismo había poseído esclavos indios, experimentó una conversión al leer el libro de Sirac [Eclesiástico], que incluye este versículo: "Mata a su prójimo quien le arrebata su sustento: vierte sangre quien le quita el jornal al jornalero" (34:22). En adelante dedicó su vida a luchar en pro de los indios. Las Casas argumentaba que los indios estaban mejor como paganos vivos que como cristianos muertos, e insistía en que debían conquistarse con el poder del Evangelio más que con la fuerza de las armas. Más de una docena de obispos en el siglo XVI, principalmente dominicos, destacaron en su defensa de los indios. El obispo de Nicaragua, Antonio de Valdivieso, murió apuñalado en 1550 por uno de los criados del gobernador. Actualmente los teólogos de la liberación consideran a esa primera generación de obispos como sus precursores. Sin embargo, eran las excepciones.

El modelo de orden social que trajeron los conquistadores ibéricos era el de la "cristiandad". Desde la caída del Imperio romano, la sociedad europea había sido gobernada por una especie de poder dual, civil y eclesiástico. La Iglesia podía contar con el apoyo de la autoridad civil, y a la autoridad civil se la consideraba arraigada en un orden superior que llegaba hasta el mismo trono de Dios. Las relaciones no siempre fueron armoniosas, pero el esquema general era el de una única sociedad "cristiana" en la que las autoridades civil y religiosa estaban estrechamente unidas. Este modelo llegó a América Latina cuando apenas empezaba a descubrirse en Europa, iniciado con la Reforma protestante. La forma latinoamericana puede llamarse adecuadamente "cristiandad colonial".

Como los monasterios, conventos e iglesias estaban localizados en los pueblos, los pobres de las áreas distantes sólo tenían contacto esporádico con los representantes oficiales de la Iglesia. Una gran proporción aceptó el catolicismo en sus propios términos. Su religión, con sus propias oraciones y devociones, sus preocupaciones y sus intereses, su propio centro de gravedad y su visión del mundo —lo que los eruditos llamarían más tarde "catolicismo popular"— era transmitida más a través de la familia y el pueblo que a través de la Iglesia oficial.

Entre 1808 y 1824 América Latina rompió con España y Portugal. El movimiento de independencia fue en gran medida labor de las élites locales, motivadas no sólo por el nacionalismo sino por un deseo de ser libres para comerciar directamente con el nuevo centro del poder mundial: Gran Bretaña. Los pobres sirvieron en los ejércitos que luchaban por la independencia, pero obtuvieron poco beneficio; permanecieron bajo el dominio de los terratenientes locales de las clases comerciantes. Aunque los países latinoamericanos han sido formalmente independientes desde principios del siglo XIX, actualmente muchos consideran la independencia absoluta como un asunto no consumado.

Para la Iglesia católica la lucha por la independencia y sus consecuencias significaron una dura crisis. Los obispos tendieron a aliarse con la Corona española, y los papas hicieron declaraciones contra la lucha por la independencia en 1816 y en 1823. Muchos clérigos, por otra parte, apoyaron la independencia (por ejemplo, los bien conocidos sacerdotes mexicanos Hidalgo y Morelos).

No obstante, la independencia condujo a una crisis institucional. El Vaticano sólo empezó a reconocer a los nuevos estados en 1831, y muchos obispos partieron, dejando algunas diócesis vacantes. La Iglesia se vio atada a los llamados partidos conservadores que luchaban contra los partidos denominados "liberales" en casi todos los países. Los liberales se consideraban a sí mismos como el bando del progreso y del desarrollo, especialmente por expander la agricultura de exportación. Les pareció conveniente aprobar leyes que les permitieran confiscar tierras de las órdenes religiosas católicas y de los indios; ante sus ojos "progresistas", éstos eran elementos de atraso u oscurantistas. Como resultado de la independencia y de los ataques de los gobiernos liberales, la Iglesia católica fue empujada a una situación de debilidad crónica y de crisis. Una consecuencia es que la mayoría de los países latinoamericanos no han producido suficientes clérigos y han dependido de un constante flujo de Europa. Actualmente, alrededor del 80% del clero católico en varios países —Guatemala, Nicaragua, Honduras, Venezuela, Panamá y Bolivia— es extranjero.

Los esfuerzos misioneros protestantes empezaron durante las últimas décadas del siglo pasado. Con frecuencia los gobiernos liberales consideraron a los protestantes como representantes del "modernismo" y como una fuerza útil para contrarrestar el "atrasado" catolicismo. Los misioneros evangélicos a menudo llevaron consigo una amalgama de fundamentalismo y patrones culturales norteamericanos (sus himnos adaptados al español), mientras que aquellos con tendencias más liberales llevaron el "Evangelio social" con ideas norteamericanas (como la democracia electoral). A pesar del impresionante aumento de su porcentaje, los protestantes siguieron siendo una minoría, y la mayoría de los latinoamericanos continúan considerándose católicos.

Durante la primera mitad del siglo XX el catolicismo latinoamericano empezó a reaccionar. Una señal fue el crecimiento de los movimientos de Acción Católica entre obreros y estudiantes. En 1955 obispos de todo el continente se encontraron en Río de Janeiro para la primera reunión plenaria del Celam (Consejo Episcopal Latinoamericano). Aunque las preocupaciones de los obispos —la difusión del protestantismo, el comunismo y el secularismo— parecían defensivas, empezaron también a reconocer los problemas sociales del continente.

¿Cómo es posible que de una Iglesia tan históricamente conservadora pueda surgir una teología de la liberación? La respuesta debe encontrarse en la experiencia de la crisis en las sociedades latinoamericanas iniciada en los años sesenta y el impacto del Concilio Vaticano II y sus consecuencias en la Iglesia católica. Realmente, en América Latina, los acontecimientos en la Iglesia y en la sociedad en conjunto están entrelazados. En los años sesenta nuevas cuestiones sobre el orden social demandaban urgentemente nuevas respuestas, y la gente de la Iglesia sintió una nueva libertad para responder.

Considérese la situación del típico párroco rural. Puede tener veinte mil feligreses o más viviendo en caseríos dispersos en las colinas o campos que rodean al pueblo principal. La mayoría estarán bautizados y se considerarán católicos, pero el sacerdote sólo puede llegar a sus pueblos con intervalos de varias semanas, y entonces su contacto será sobre todo para ceremonias como la misa, bautizos o matrimonios. En tales circunstancias, el sacerdote escasamente puede tener alguna comunicación significativa con la gente, y ni hablar de dedicarse a alguna enseñanza importante del cristianismo. Con el tipo de teología que aprendió en el seminario, puede creer que en alguna forma misteriosa Dios está usando su acción sacramental para salvar a la gente. No obstante, la teología más optimista que estaba ganando terreno entonces —que la salvación de Dios llega a cualquiera en cualquier parte, sean o no buenos católicos— no podía sino plantear dudas sobre el sentido de su vida y de su actividad como sacerdote.

Si observara más cuidadosamente podría tener otro motivo de dudas. Como vive del dinero que colecta de la gente, los campesinos pueden no considerarlo muy diferente de los funcionarios gubernamentales, los dueños de las tiendas y los tiburones prestamistas del pueblo. Su propio estándar de vida puede ser modesto, pero proviene de las contribuciones de los pobres. Más aún, la Iglesia como institución ha servido desproporcionadamente a los privilegiados, ya que sacerdotes y hermanas se han concentrado en las ciudades más grandes, a menudo en escuelas católicas para los ricos. En la medida en que ese sacerdote empezó a ser socialmente consciente, se dio cuenta de la complicidad de la Iglesia con ese injusto orden social.

Muchos sacerdotes y hermanas que trabajaban en el nivel

local empezaron a cuestionarse sobre su actividad. Algunos acontecimientos políticos, como la Revolución cubana y la experiencia de Brasil a principios de los años sesenta empezaron a provocar cuestionamientos institucionales.

La experiencia cubana fue significativa por lo que no ocurrió. Los cristianos como tales no desempeñaron un papel importante en el derrocamiento de la dictadura de Batista, y la Iglesia pronto se convirtió en el refugio de los cubanos que resintieron cambios revolucionarios. Algunos obispos y muchos sacerdotes abandonaron el país, debilitando todavía más a una Iglesia ya institucionalmente débil. El gobierno cubano y el partido comunista adoptaron oficialmente una línea atea. De hecho nadie en la Iglesia parece haber planteado en términos teológicos y pastorales la posibilidad de que los cristianos pudiesen tomar una actitud positiva hacia la revolución. (Sólo a finales de los años sesenta algunos obispos cubanos empezaron a avanzar hacia una evaluación positiva de la revolución.) Inspirados por el ejemplo cubano surgieron movimientos de guerrilla rural en Venezuela, Guatemala, Perú y varios otros países. En respuesta, la administración Kennedy lanzó la Alianza para el Progreso, la cual combinaba la ayuda para el desarrollo con un aumento de los ejércitos y la policía para enfrentar el desafío de la insurgencia. La angustia que compartían por la revolución tendió a unir a gente de la Iglesia con partidos demócrata-cristianos y agencias de ayuda exterior.

Lo que los brasileños experimentaron y los cuestionamientos que provocaron a finales de los años cincuenta y principios de los sesenta anunciaban lo que iba a suceder en el resto del continente. En la época del presidente Juscelino Kubitschek (1955-1960), el gobierno buscó dar un impulso al desarrollo económico. El propio Presidente empleó un lenguaje cristiano, llamando a la injusticia social, por ejemplo, "un gran pecado contra Cristo". La jerarquía católica, volviéndose crítica de la oligarquía terrateniente, formó una alianza con el gobierno que condujo a la creación de una gran agencia para el desarrollo del campo nordestino. No obstante, el gobierno actuó a la manera tecnocrática de dar directrices desde arriba, que más tarde recibiría el nombre peyorativo de "desarrollismo".

Por otra parte, las ligas campesinas se volvían cada vez más militantes, y la radicalizada clase media, en particular los estudiantes universitarios, fueron a trabajar directamente con los pobres. Paulo Freire, un maestro del nordeste, desarrolló un nuevo método para alfabetizar mediante un proceso de *cons-*

cientização (concientización; al respecto, véase el capítulo dos). Los movimientos de estudiantes y de trabajadores de Acción Católica se fueron comprometiendo, así como importantes intelectuales católicos. Algunos cristianos empezaron a utilizar conceptos marxistas para analizar la sociedad. Richard Shaull, un misionero presbiteriano, planteó la cuestión de si la revolución tendría un significado teológico. Él y algunos jóvenes protestantes empezaron a discutir esos temas con sacerdotes dominicos e intelectuales católicos.

Todo este fermento condujo a una crisis en la Iglesia. En la situación prevaleciente, la Iglesia podía entrenar gente y alentar la "acción social", incluyendo proyectos de desarrollo, pero no tenía una función en el ámbito de la política propiamente dicha. Esta noción clara en la teoría se revelaba cada vez más insatisfactoria en la práctica. En la medida en que se volvió innegable que las causas de la pobreza eran estructurales y que requerían cambios estructurales básicos pareció obvio que tales cambios sólo podrían ocurrir mediante la acción política. Era incongruente proclamar un cambio estructural y rechazar al mismo tiempo el comprometerse políticamente. Esta cuestión apareció en distintos contextos, en especial en el movimiento llamado Ação Popular, que surgió de Acción Católica. Sin embargo, la discusión se detuvo cuando las fuerzas armadas se alarmaron por la creciente militancia de origen popular y dieron un golpe en marzo de 1964. Muchos intelectuales, políticos y líderes populares tuvieron que huir del país, y la Iglesia fue silenciada en extremo durante casi una década.

VATICANO II

En los años cincuenta hubiera sido tan difícil para los católicos imaginar al papa iniciando un amplio movimiento de reforma dentro de la Iglesia como lo sería hoy para los norteamericanos imaginar al Kremlin iniciando una profunda democratización de los países del bloque oriental. Sin embargo eso fue lo que ocurrió en el Concilio Vaticano II.

La mismísima identidad del catolicismo romano estaba anclada en la inmutabilidad. Su respuesta al llamamiento de Lutero y de los otros reformadores del siglo XVI en favor de un acceso directo a la Biblia, de la fe personal y del oficio en la lengua propia de cada pueblo fue atrincherarse y reafirmar la mayoría de los mismos elementos que criticaban los reformistas. Durante los siguientes siglos, la Iglesia católica desconfió de la ciencia y de todos los aspectos del mundo moderno. Los papas del siglo XIX, por ejemplo, condenaron la idea misma de democracia. La función de la teología no era hacer surgir nuevas preguntas sino defender el sistema católico romano. En la crisis que siguió a la segunda guerra mundial, los teólogos europeos empezaron a plantearse nuevos cuestionamientos basados en estudios bíblicos e históricos y en un diálogo con el existencialismo que sólo pudo detener el papa Pío XII con la encíclica *Humani generis* (1950).

Durante siglos las autoridades eclesiásticas estuvieron apilando costales de arena en montones cada vez más altos para detener la corriente cada vez más fuerte del modernismo. Con el Vaticano II el dique se rompió.

A principios de 1959 Juan XXIII, que muchos esperaban que fuera un papa tradicional, convocó al primer concilio desde el Concilio Vaticano I (1869-1870), que determinó la infalibilidad papal. En los primeros días del concilio, en el otoño de 1962, un grupo de obispos europeos frustró los intentos de control de los funcionarios del Vaticano y estableció una atmósfera abierta. En las sesiones plenarias del concilio y en los grupos de trabajo se legitimaron ideas y propuestas que habían sido expuestas cautamente sólo en círculos teológicos progresistas. El primer documento completo, el decreto sobre el culto (1963), acabó con la misa en latín que había sido la norma durante quince siglos.

Con el Vaticano II, la Iglesia católica se volvió al revés de como era. Antes del concilio a los católicos se les enseñaba que su principal deber en la vida era permanecer en "estado de gracia" y alcanzar el cielo. La Iglesia era la mediadora de la gracia y la verdad. En semejante esquema los asuntos terrenales eran finalmente insignificantes. En el Vaticano II, aceptando y apoyándose en décadas de trabajo de los teólogos, la Iglesia católica aceptó modestamente su condición de "peregrina" que camina al lado del resto de la humanidad. En un posterior giro radical, la Iglesia empezó a considerar al "progreso humano" como evidencia de la labor de Dios en la historia humana.

Los obispos y teólogos europeos y norteamericanos marcaron la agenda del Vaticano II. Los obispos latinoamericanos sólo tuvieron un papel modesto, como cuando ellos y otros obispos del Tercer Mundo insistieron en que el documento sobre la Iglesia en el mundo moderno debería referirse al tema del desarrollo. Sacerdotes, hermanas y activistas laicos de América Latina recibieron con agrado los resultados iniciales del concilio, por ejemplo el cambio respecto al uso de la lengua vernácula y el tono general liberalizante.

Mucho más importante que cualquiera de sus decisiones particulares fue el hecho de que el concilio llevó a los católicos latinoamericanos a adoptar una mirada mucho más crítica hacia su propia Iglesia y hacia su propia sociedad. No sólo buscaron que el concilio asumiera a América Latina. . . empezaron a hacer que se plantearan problemas latinoamericanos.

CAMILO TORRES: EL PRECIO DEL COMPROMISO

Cuando concluyó el Vaticano II, en diciembre de 1965, el padre Camilo Torres se había unido ya a las guerrillas colombianas y pronto moriría en combate. Aunque muy poca gente de la Iglesia se unió a los movimientos guerrilleros, muchos experimentaron un proceso similar de radicalización. La congruencia de Torres al pasar de la palabra a la acción hizo de él una especie de ídolo en un instante. Anticipó intuitivamente mucho de lo que iba a ser la teología de la liberación.

Nacido en el seno de una familia de la clase alta de Bogotá, Torres estudió teología y sociología en Bélgica durante los años cincuenta, y después volvió a su país para trabajar como sociólogo y como capellán universitario. A principios de los sesenta se dedicó a la investigación en Colombia —realizando estudios sobre temas como urbanización, estándares de vida, reforma agraria, violencia política, educación, democracia— y la práctica de la sociología propiamente dicha. Poco a poco fue abandonando la sociología académica y empezó cursos de adiestramiento con campesinos en el país. Una vez que llegó a la conclusión de que la política convencional, con sus partidos controlados oligárquicamente, no aportaría un cambio significativo, empezó a proponer algo que parecía eminentemente lógico: la formación de un Frente Unido de amplias bases que podría unir a campesinos, trabajadores, habitantes de las barriadas, profesionales y otros, para presionar por un cambio fundamental. Su buen aspecto y su seriedad, así como el hecho de ser sacerdote —en el país más "católico" de América Latina—, hicieron de él un nuevo y estimulante tipo de figura pública. Torres habló abiertamente de la necesidad de una revolución, a la que definía como un "cambio fundamental en las estructuras económicas, sociales y políticas". Había que quitar el poder a los privilegiados y dárselo a las mayorías pobres: ésa era la esencia de la revolución. Podría ser pacífica si las élites privilegiadas no oponían resistencia violenta. En un lenguaje que tenía ecos de los Evangelios, Torres decía que la revolución era

> la forma de lograr un gobierno que dé de comer al hambriento, que vista al desnudo, que enseñe al que no sabe, que cumpla con las obras de caridad, de amor al prójimo no sólo en forma ocasional y transitoria, no sólo para unos pocos, sino para la mayoría de nuestros prójimos.

Los cristianos tenían que comprometerse con la revolución, ya que era el único medio efectivo de "hacer realidad el amor a todos".

En mayo de 1965, el programa del Frente Unido, basado en gran parte en un proyecto de Torres, se hizo público. En sus viajes presurosos por toda Colombia para dirigirse a las multitudes, Torres expresó su pensamiento en una serie de "mensajes" tipo manifiesto para distintos auditorios: cristianos, comunistas, militares, sindicalistas, estudiantes, campesinos y mujeres (para ser un varón latinoamericano en 1965 tenía una visión clara y crítica). Aun cuando se esforzaba por construir un movimiento político de alcance nacional, Torres también hacía contactos con las guerrillas del ELN (Ejército de Liberación Nacional). Presionado por el cardenal Luis Concha de Bogotá, aceptó la laicización, aunque continuó considerando lo que hacía como una consecuencia de su vocación sacerdotal.

El ejército ya había descubierto los vínculos de Torres con el ELN cuando él recibió la orden de abandonar su trabajo político y unirse a las guerrillas. Su corta carrera de lucha terminó el 15 de febrero de 1966, cuando fue muerto en combate.

En el nivel conceptual, la teología de Torres seguía estando basada en mucho de lo que había aprendido en Lovaina, y su sociología contenía sólo indicios de lo que pronto sería la "teoría de la dependencia". Con todo, en su paso de la teoría a la práctica, del análisis al compromiso —hasta el punto de sacrificar su vida— y en la forma en que concentró el cristianismo en un real amor por el prójimo, se convirtió en una figura paradigmática para muchos cristianos.

Esto no quiere decir que muchos sacerdotes se apresuraran

a unirse a las guerrillas; sólo unos cuantos lo han hecho durante los últimos veinte años. Lo que sacudió las conciencias de muchos cristianos fue la voluntad de Torres para llevar sus convicciones hasta sus últimas consecuencias.

DECLARANDO LA INDEPENDENCIA INTELECTUAL

La revolución estaba en el ambiente a mediados de los años sesenta. Hasta el presidente Eduardo Frei llamó a su programa demócrata-cristiano en Chile una "revolución en libertad". Lo que se sugería es que los cambios eran posibles en la sociedad chilena sin sacrificar la "libertad". Evidentemente Cuba era el término de comparación no mencionado.

Los científicos sociales latinoamericanos empezaban a preguntarse por las posibilidades de un verdadero desarrollo en el actual orden mundial. Sus ideas se popularizaron como la "teoría de la dependencia". Las tesis convencionales sobre el desarrollo diagnosticaban al subdesarrollo como "atraso", y suponían que el desarrollo sólo podría lograrse siguiendo el camino ya trazado por los países "avanzados". No obstante, tras examinar su propia historia, los latinoamericanos concluían que todo el desarrollo —desde la conquista hasta el presente— había sido el resultado de acontecimientos en Europa, y más tarde en Norteamérica. Toda su historia podía ser escrita en torno a las sucesivas exportaciones (oro y plata, tinturas, pieles, caucho, café, etc.) explotadas por los centros de la producción mundial y sus aliados locales, las clases terratenientes. Su industria del siglo XX no era propia, sino de gigantescas corporaciones extranjeras. El subdesarrollo era estructural. Los términos más adecuados no eran "avanzado" y "atrasado" sino "dominante" y "dependiente". Luchar por "ponerse al día" sería en vano; su única esperanza era romper las cadenas de la dependencia (véanse los capítulos 5 y 12 para un examen más amplio de la teoría social latinoamericana).

Fueran los que fueran sus méritos, la teoría de la dependencia era más que una nueva idea: era un nuevo paradigma aplicable no sólo a la economía sino a las ciencias humanas en general. En su forma original fue desarrollada fundamentalmente por latinoamericanos como una especie de declaración de independencia cultural e intelectual. Vale la pena hacer notar que los años sesenta también presenciaron el surgimiento de una generación de soberbios novelistas latinoamericanos, como Gabriel García Márquez, Julio Cortázar y Mario Vargas Llosa. Los nuevos enfoques pastoral y teológico tomaron forma en un momento en que América Latina afirmaba su propia identidad.

El Vaticano II animó a la gente de la Iglesia a entablar diálogo con "el mundo". Visto de manera optimista desde Europa, ese mundo parecía ser de rápido cambio tecnológico y social. Sin embargo, el ángulo de visión del Tercer Mundo revelaba un mundo de vasta pobreza y opresión que parecía necesitar la revolución. Algunos documentos del período posconciliar reforzaron esa impresión.

Un documento clave fue la encíclica de 1967 *Populorum progressio* (Sobre el progreso de los pueblos), del papa Paulo VI. Al contrario de sus predecesores, cuyos documentos sobre "enseñanza social" católica reflejaban las preocupaciones europeas, Paulo VI se concentró en temas del desarrollo del Tercer Mundo. Dentro de su tono generalmente moderado, la encíclica insinuaba una fuerte crítica al orden económico internacional existente. El *Wall Street Journal* la llamó "marxismo recalentado". No obstante, el Papa parecía suponer que se alcanzaría el desarrollo por medio del consenso más que por la lucha. En América Latina el pasaje más citado era el párrafo 31:

> Sabemos... que un levantamiento revolucionario —salvo donde hay una manifiesta tiranía desde hace tiempo, lo cual causaría un enorme daño a los derechos personales fundamentales y un perjuicio peligroso al bienestar común de la nación— produce nuevas injusticias, desequilibra más elementos y acarrea nuevos desastres.

Poco tiempo después, un grupo de dieciocho obispos del Tercer Mundo, la mitad brasileños, lanzó una declaración que iba mucho más allá que la del Papa, aunque lo citaba abundantemente. Adoptaron un enfoque positivo de la revolución y citaron en forma aprobatoria la declaración de un obispo durante el Vaticano II: "El auténtico socialismo es el cristianismo vivido plenamente, en igualdad básica y con una adecuada distribución de los bienes."

En Argentina un grupo de sacerdotes utilizó a su vez esta declaración de los "Obispos del Tercer Mundo" como su propio punto de arranque y se llamaron a sí mismos el Movimiento de Sacerdotes para el Tercer Mundo. Grupos similares de sacerdotes surgieron en Perú, Colombia, México y por todas partes.

Se convirtieron en los más ardientes articuladores de un nuevo sentido de crisis, posiblemente porque tenían que encarar la desigualdad entre los nuevos ideales que surgían del Concilio y la realidad cotidiana que vivían. En una ráfaga de manifiestos, esos grupos planteaban preguntas sobre el papel de la Iglesia. ¿El catolicismo reforzaba el fatalismo, actuando como "narcótico"? ¿Debería vender la Iglesia sus propiedades? ¿No deberían renunciar los sacerdotes a sus privilegios y vivir como la gente común? También criticaban la sociedad existente. Respondiendo implícitamente a las advertencias del Papa contra la violencia, un documento señaló un "modelo centenario de violencia producido por las existentes estructuras de poder económicas, políticas, sociales y culturales". Las hermanas también empezaban a cuestionar los tipos tradicionales de trabajo, como la enseñanza en escuelas privadas, y a inclinarse por el trabajo pastoral con los pobres, pero no se declararon públicamente.

No todos, ni siquiera la mayoría de los sacerdotes y hermanas se radicalizaron. En su punto culminante, el Movimiento del Tercer Mundo contaba con ochocientos de los cinco mil sacerdotes argentinos como miembros, y la proporción en otros países era indudablemente menor. No obstante, este clero radicalizado desempeñó un papel desproporcionado en relación con sus miembros, especialmente porque estaban en mayor contacto directo con los sectores pobres de la población, mientras que muchos de los demás clérigos trabajaban en escuelas.

Durante este período los pastores y los teólogos protestantes planteaban temas semejantes.

MEDELLÍN: LA CARTA MAGNA

En agosto de 1968 cerca de 130 obispos católicos (representando a más de 600 en América Latina) se reunieron en Medellín, Colombia, para emprender la tarea de aplicar el Vaticano II a América Latina. Fue la marca más alta de la marea de la revuelta mundial de los años sesenta. Los estudiantes habían ocupado universidades en todo Estados Unidos y la policía de Chicago había apaleado a los que protestaban en la Convención del Partido Demócrata; los trabajadores huelguistas de las fábricas se habían aliado con los estudiantes en el mayo de París, pareciendo amenazar momentáneamente el orden prevaleciente; la Unión Soviética había invadido Checoslovaquia y acabado con la "Primavera de Praga"; la policía mexicana había disparado contra manifestantes en la Plaza de Tlatelolco, matando a alrededor de cuatrocientos. La reiteración del papa Paulo VI en 1967 de la prohibición de la Iglesia al uso de anticonceptivos, contraria a la recomendación de una comisión de expertos designada por él mismo, había acelerado la creciente crisis de autoridad dentro de la Iglesia católica misma.

La reunión de Medellín era la segunda reunión plenaria del Celam (Consejo Episcopal Latinoamericano); la primera había tenido lugar en Río de Janeiro en 1955. Como preparación para la reunión, el personal del Celam había hecho circular entre los obispos un documento preparatorio que estudiaba las condiciones económicas, los estándares de vida, la situación cultural y la vida política en términos no muy diferentes de algunos de los manifiestos mencionados antes. Pasaba después a considerar la presencia de la Iglesia en la sociedad, y concluía con varias páginas de reflexión teológica.

El procedimiento mismo —empezar con observaciones sobre la sociedad y después considerar a la Iglesia— era un rompimiento con el método tradicional de la doctrina-a-la-aplicación que insinúa que la verdad llega a la tierra de lo alto. En sus discusiones y en los documentos que presentaron, los obispos primero hicieron una evaluación de la situación general y sólo después se entregaron a breves reflexiones teológicas, para finalmente apremiar compromisos pastorales. Esta estructura en tres partes era evidente no sólo en cada documento sino también en la estructura de las conclusiones publicadas. Los tópicos más seculares (justicia, paz, educación, familia, juventud) precedían a los mayormente relacionados con la Iglesia (trabajo pastoral, sacerdotes, religiosas, laicos, estructuras eclesiásticas, etcétera).

En frases resonantes los obispos pedían a los cristianos que se comprometieran con la transformación de la sociedad. Denunciaban la "violencia institucionalizada" y se referían a ella como a una "situación de pecado" (por lo tanto extendiendo la noción tradicional de pecado centrada en transgresiones personales a una ley divina); pedían "cambios rápidos, vigorosos, urgentes y profundamente renovadores"; describían la educación como un proceso que permitiría al pueblo "convertirse en actor de su propio progreso". En cierto momento los obispos compararon tres tipos de categorías mentales. Los "revolucionarios" eran descritos más favorablemente que los "tradicionalistas" o "desarrollistas" (a quienes se consideraba tecnócratas). A los revolucionarios se les definió como los que buscaban un cambio radical y creían que el pueblo debía marcar su rumbo —no como los que empleaban la violencia. Pastoralmente, los obispos definían varios compromisos, como defender los derechos humanos y realizar una "evangelización que eleve la conciencia". Comprometían a la Iglesia a compartir la condición de los pobres más allá de la solidaridad. En algunos sitios los documentos hablaban de comunidades de base, un término que había sido acuñado recientemente para designar a pequeños grupos de cristianos que encabezaban laicos. Pocas comunidades como esas existían entonces, pero pronto se extenderían mucho.

Los obispos empleaban frecuentemente la palabra "liberación" y otras semejantes, y explícitamente unían "desarrollo genuino", la "transición de una condición menos humana a una más humana para todos y cada uno" con el éxodo bíblico.

Los documentos de Medellín dejaron también una buena cantidad de ambigüedades. Las terminologías de desarrollo y liberación estaban entremezcladas, y la suposición subyacente parecía ser el cambio básico que podía llegar a través de la conversión de los privilegiados y los poderosos. No había fuerte respaldo al derecho de los oprimidos para luchar por sus derechos, quizás porque los obispos temían que se les considerara partidarios de la violencia. El que los documentos fuesen tan fuertes como lo fueron reflejaba la mano de una minoría de obispos y un sólido grupo de un centenar de consejeros expertos, quienes indudablemente escribieron la mayor parte del borrador.

Sacerdotes, hermanas y activistas laicos tomaron ansiosamente los documentos de Medellín como una Carta Magna que justificaba un enfoque pastoral totalmente nuevo.

Uno de los consultores en Medellín fue el teólogo peruano Gustavo Gutiérrez, cuya mano puede percibirse especialmente en el documento sobre la pobreza en la Iglesia. Pocas semanas antes de la reunión de obispos, Gutiérrez bosquejó una "teología de la liberación" en una charla en el puerto pesquero de Chimbote, Perú. Esa ocasión puede ser la primera en que se usó la expresión en América Latina. En documentos y pláticas posteriores, Gutiérrez desarrolló sus ideas. Durante 1970 hubo una explosión de conferencias sobre ese tópico. En 1971 Gutiérrez y el brasileño Hugo Assmann publicaron libros completos sobre teología de la liberación que marcaron el rumbo de las cuestiones nacientes. Mientras que el marco de Gutiérrez era primordialmente el de las Escrituras y la teología moderna, Assmann destacó que lo que se estaba desarrollando era un nuevo método de teología. En un sentido semejante, el argentino Enrique Dussel sugirió un nuevo método para considerar la historia de la Iglesia latinoamericana y propuso categorías filosóficas apropiadas para una situación de opresión.

La teología católica tradicional había sido empleada para adiestrar sacerdotes en el seminario. Efectivamente era una defensa de la doctrina tradicional católica contra los ataques del protestantismo, la Ilustración y el modernismo en general. Durante el siglo xx la teología católica se trasladó lentamente a la universidad y empezó a adoptar los métodos críticos del saber moderno.

Aun a principios de los años sesenta tanto protestantes como católicos intuían lo que llegaría a convertirse en una teología latinoamericana específica. No obstante, sólo a finales de la década rompieron conscientemente con la matriz europea. Fue la presión de los acontecimientos y especialmente el paso de lo social a los compromisos expresamente políticos mencionados antes lo que despertó nuevos cuestionamientos. Los teólogos comenzaron a considerar conscientemente a América Latina como su contexto para los cuestionamientos nacientes. A medida que se daban cuenta de que su teología emergía de un contexto particular, empezaron a considerar que lo mismo era cierto para cualquier teología, incluyendo la que habían aprendido en Europa. Lo que una vez habían considerado como simple teología —aparentemente "universal"— empezaron a verlo como teología "noratlántica", una teología del mundo rico. Esto era cierto no sólo para la teología tradicional, sino para el trabajo de los teólogos progresistas del Vaticano II, como Karl Rahner, Edward Schillebeeckx y Hans Küng. Un laico uruguayo, Alberto Methol Ferre, articuló esta nueva conciencia en un polémico ensayo titulado "La Iglesia y la sociedad opulenta" (1969).

Los teólogos latinoamericanos descubrieron que no sólo trataban asuntos diferentes sino que su método, la forma misma en que se comprometían con la teología, era diferente. Desde la Ilustración el principal reto para la cristiandad del Oeste había sido su credibilidad: ¿cómo puede la gente moderna creer en historias antiguas sobre las aguas del mar que se abren ante el grupo de Moisés, o sobre Jesús multiplicando panes y peces o levantándose de entre los muertos? Los teólogos habían respondido primeramente usando la erudición histórica y de los textos para encontrar en las Escrituras varios significados, formas literarias, mitos y leyendas, y después encontrando puntos de contacto o de correlación con la cultura moderna, puntos en los que la gente puede realmente escuchar un mensaje de salvación.

Aunque los latinoamericanos pueden entender esas cuestiones, sus preocupaciones básicas son diferentes. Su problema no es tanto si uno puede creer lo que afirma la cristiandad como más bien la importancia que tiene el cristianismo en la lucha por un mundo más justo. Gutiérrez define la teología como una "reflexión crítica sobre la práctica a la luz de la palabra de Dios". Es una crítica de cómo tratan al pobre las estructuras sociales y cómo operan los cristianos y la Iglesia misma.

Sin embargo la teología de la liberación no es fundamentalmente una ética. No es una exposición sistemática de principios sobre cómo debe actuar el pueblo; más bien es una exploración del significado teológico de esa actividad. Así, por ejemplo, Gutiérrez y otros teólogos aceptan la dependencia crítica propuesta por los científicos sociales. No obstante, prosiguen para señalar las resonancias bíblicas y teológicas del término "liberación". A Dios se le encuentra en la lucha del pueblo por la liberación. De la misma manera, su preocupación no es dictar reglas específicas sobre cómo luchar por la justicia. Subrayan que un compromiso responsable dentro del conflicto de clases es una expresión de amor al prójimo. No "fomentan" el odio, como arguyen los críticos; el conflicto de clases ya existe. Mediante la solidaridad en la lucha con el pobre, la división de clases debe trascenderse en un nuevo tipo de sociedad.

Los primeros ensayos sobre la teología de la liberación prestaban especial atención a la Iglesia. En contraste con el fuerte espíritu antiautoridad y antiinstituciones que caracterizó por doquier los últimos años sesenta, los teólogos católicos latinoamericanos no cuestionaban la estructura jerárquica fundamental de la Iglesia católica romana, aunque señalaban la necesidad de una conversión. Algunos preguntaban, por ejemplo, si la eucaristía celebrada en una congregación rica no parecía que apoyaba el extravagante consumo que reducía a otros a una pobreza inhumana. Planteando cuestiones semejantes los teólogos no argumentaban que las misas debían suprimirse, sino que la Iglesia debía examinar su presencia en la sociedad y prepararse a efectuar cambios.

Los bosquejos iniciales de la teología de la liberación anticipaban la mayoría de los temas principales que iba a desarrollar más tarde. Los trabajadores de la Iglesia y los laicos activos tenían ahora un fundamento para nuevas opciones.

CRISTIANOS A FAVOR DEL SOCIALISMO

Como Brasil en un principio y Centroamérica después, Chile estaba en el centro de la escena latinoamericana a finales de los años sesenta y principios de los setenta. La coalición izquierdista Unidad Popular ganó las elecciones nacionales y bajo el presidente Salvador Allende buscó llevar a cabo reformas significativas. Otros latinoamericanos prestaron mucha atención. Si el socialismo podía llegar gradual y pacíficamente a Chile podía ser una señal de esperanza para otros.

Los políticos chilenos eran atípicos para América Latina. Las instituciones democráticas parecían estar firmemente establecidas, los sindicatos eran fuertes y los partidos políticos representaban ideologías bien definidas en competencia. Muchos se desilusionaron con la "revolución en libertad" de los democristianos, especialmente después de la fuerte represión de huelguistas en 1967. Los críticos argumentaban que la Democracia Cristiana no era un "tercer camino" entre capitalismo y comunismo, sino simplemente un capitalismo reformado, incapaz de resolver los problemas de Chile. Grupos importantes de cristianos se unieron a partidos y movimientos izquierdistas. La victoria de la coalición de Allende en 1970 señaló un creciente viraje hacia la izquierda.

La llegada de un gobierno socialista presentó nuevos cuestionamientos para los cristianos. El movimiento Cristianos por el Socialismo apoyaba un compromiso político directo. Sus miembros creían que los cristianos debían aceptar la "racionalidad" básica del socialismo aunque no apoyaban a ningún grupo político en especial. Algunos eran ex democristianos que se habían radicalizado y formado grupos como el MAPU (Movimiento de Acción Popular Unida) o la Izquierda Cristiana; muchos se unieron al MIR (Movimiento de la Izquierda Revolucionaria), que apoyaba ir más allá de los procesos electorales, y otros se unieron al partido socialista; muy pocos, sin embargo, se volvieron comunistas. Estos cristianos pedían un nuevo tipo de presencia pastoral dentro del movimiento hacia el socialismo. Insistían en que, ya que gran parte de la visión del mundo y la ideología que se había predicado y enseñado como cristianismo impedía a la gente aceptar el socialismo, los cristianos tenían una responsabilidad especial de liberar a la gente de esos bloqueos ideológicos.

En abril de 1982 cerca de cuatrocientas personas coincidieron en Santiago para una conferencia internacional de Cristianos por el Socialismo (a pesar de la oposición de los obispos chilenos). Assmann, Gutiérrez y un grupo de los teólogos de la liberación estaban presentes. El documento final de la conferencia reflejaba inevitablemente la situación chilena, por ejemplo, en su frecuente denuncia de tercerismo (*i.e.* Democracia Cristiana). La terminología es claramente marxista, con frecuentes referencias a "relaciones de producción, apropiación capitalista del plusvalor, lucha de clases, lucha ideológica", etcétera.

La conferencia pedía a los cristianos comprometerse en una lucha ideológica identificando y "desenmascarando" la manipulación de la cristiandad para justificar el capitalismo. Sin embargo, esto no significa instrumentar la fe para otros fines políticos, sino más bien devolverla a su dimensión evangélica original". (Esta cuestión sigue apareciendo: ¿en qué se diferencia el compromiso cristiano con la izquierda del tradicional apoyo que ha proporcionado la Iglesia al conservador *status quo*?)

El documento afirmó que los cristianos descubrían "la convergencia entre la naturaleza radical de su fe y su compromiso político". Había una "interacción fértil" entre fe y práctica revolucionaria. Se decía que la práctica revolucionaria era "la matriz generadora de una nueva creatividad teológica". Así, la teología se convirtió en una "reflexión crítica dentro y sobre la práctica liberadora como parte de una confrontación permanente con las demandas del Evangelio".

El documento terminaba con una frase del Che Guevara que había aparecido en estandartes y carteles durante la reunión misma: "Cuando los cristianos se atrevan a dar testimonio revolucionario pleno, la revolución latinoamericana será invencible. . ."

despite

Tullarse

dare

2. YENDO HACIA LOS POBRES

Joelmir Beting, un periodista brasileño, llama a su país "Belindia": Bélgica más India. Treinta y dos millones de personas gozan de un estándar de vida semejante al de Bélgica, una clase trabajadora de aproximadamente treinta millones solamente se las arregla, y los restantes setenta millones viven en condiciones de hambre, enfermedad y desempleo semejantes a las de la India. Dice que son "prisioneros políticos del sistema".

La realidad de esta vasta pobreza es el punto de partida para la teología de la liberación.

A mediados de 1985 estuve con una delegación de Testigos de la Paz en un área de Nicaragua donde se había establecido de nuevo a campesinos lejos de la zona de combate. El gobierno había construido estructuras habitacionales de 6 por 6 metros, y cada familia había terminado los muros y hecho las divisiones. La mayoría de la gente de la comunidad no sólo no había estado nunca en Managua, sino que ni siquiera se había separado del camino pavimentado más próximo, a unos 60 kilómetros aproximadamente. Otro miembro de la delegación y yo hablábamos tranquilamente con nuestros anfitriones mientras uno de los jóvenes de la familia cuidaba una pequeña fogata hecha con astillas. Recorriendo con la vista los muros a la parpadeante luz, me di cuenta repentinamente de que el valor total de sus posesiones —un par de ollas, unos cuantos platos de plástico, utensilios, una lámpara de pilas— era sólo de unos cuantos dólares. ¿Qué sería el vivir en ese nivel de pobreza? No me lo podía imaginar en realidad.

Pasábamos un par de semanas en Nicaragua como gesto de preocupación y solidaridad. Sin embargo volví con la sensación de que a pesar de los años que viví con los pobres en un barrio panameño y que trabajé con los pobres en Guatemala, mi experiencia como norteamericano me separaba de ellos con un profundo abismo.

A partir de los años sesenta, muchos trabajadores pastorales —sacerdotes y hermanas— hicieron esfuerzos importantes para acercarse a los pobres. Al hacerlo encararon nuevos problemas y asuntos. La teología de la liberación es el resultado de sus esfuerzos. Entender ese proceso requiere un esfuerzo continuo de imaginación moral para mantener siempre presente la realidad de los pobres.

El procedimiento que voy a seguir será paralelo a ese movimiento. Primeramente examinaré cómo la pobreza misma se volvió un tema, y después lo que entrañaba ese nuevo enfoque de los pobres (este capítulo). A continuación examinaré los elementos clave del mensaje que ofrece a los pobres la teología de la liberación y el nuevo modelo de Iglesia que surge en las "comunidades de base cristianas" (capítulos tres y cuatro). Sólo después de estudiar cómo actúa la teología de la liberación a nivel de aldea o de barrio me referiré a las cuestiones estructurales, ideológicas e institucionales.

LA POBREZA COMO CUESTIÓN TEOLÓGICA

Aunque la pobreza no fue un tema principal en los documentos del Vaticano II, la autocrítica desatada por el concilio empezó a hacer surgir cuestionamientos sobre la pobreza mundial y sobre la actitud de la Iglesia hacia la riqueza y la pobreza. Este tipo de cuestionamiento pronto se convirtió en una preocupación principal en América Latina.

El estereotipo común de que la Iglesia católica en América Latina había estado del lado de los ricos no debía aceptarse sin examen. En la mayoría de los países, décadas de gobiernos anticlericales en el siglo XIX dejaron a la Iglesia institucionalmente debilitada. Sacerdotes y hermanas vivían modestamente. Por otra parte, algunas órdenes religiosas y algunas diócesis poseían tierras. Como los médicos u otros profesionistas, los sacerdotes y las hermanas se concentraban en las ciudades, a menudo enseñando en escuelas católicas que daban servicio a las clases media y alta, que eran quienes podían pagar la enseñanza. El razonamiento tradicional era que estas escuelas proporcionaban a las élites futuras una base moral y religiosa. Los sacerdotes en las áreas rurales veían a la mayoría de sus parroquianos sólo en visitas rituales ocasionales.

Había otro ángulo para la creciente conciencia de la responsabilidad de la Iglesia sobre la situación de la pobreza. Realmente los sacerdotes habían predicado a menudo resignación a la "voluntad de Dios" en una forma que podía reforzar la creencia de que la presente distribución de la riqueza y el poder provienen de Dios. No obstante, el papel de los sacerdotes y de la Iglesia institucional no debe exagerarse. La mayoría de la gente pobre tenía sólo contactos ocasionales con representantes de la Iglesia. La misma sociedad campesina tendía a interiorizar una visión fija y hasta fatalista del universo con símbolos y racionalizaciones religiosos, que eran principalmente transmitidos por padres y abuelos, y en realidad por toda la cultura aldeana. Los sacerdotes únicamente reforzaban esa visión cada vez que entonaban: "Bienaventurados los pobres de espíritu."

Sin embargo esas palabras provienen de Jesús. ¿Cómo debe entenderse la pobreza? Miembros de órdenes religiosas que estaban comprometidos con el voto de pobreza y que no poseían propiedades individuales gozaban sin embargo de un estándar de vida y de seguridad que los aislaba de la diaria agonía y angustia de los pobres. Las palabras de Jesús, además, estaban dirigidas a todos sus discípulos.

El asunto condujo a dos cuestiones: ¿qué significa el ideal de pobreza en una situación en que la mayoría de los individuos sufren una pobreza deshumanizadora, y qué deben hacer la Iglesia y los cristianos respecto a la pobreza?

Gustavo Gutiérrez adoptó un enfoque que era a la vez bíblico y responsable ante la situación de la Iglesia latinoamericana. Se había vuelto tanta costumbre el hablar de ser "pobres *en espíritu*" que los ricos, que se imaginaban estar "desprendidos" de sus posesiones, podían sentir que practicaban la pobreza. Gutiérrez subrayó que la Biblia entiende la pobreza —la pobreza material— como un mal, como el resultado de la opresión de algunos individuos sobre otros. La pobreza que deshumaniza al ser humano es una ofensa contra Dios. Conocer a Dios es trabajar para vencer a la pobreza, trabajar por el Reino de Dios.

Sin embargo hay otro sentido en la Biblia, especialmente discernible en los salmos, que ve en el pobre el "resto fiel" de Israel. "Entendida en esta forma", dice Gutiérrez, "la pobreza se opone al orgullo, a una actitud de autosuficiencia; por otra parte, es sinónimo de fe, de abandono y confianza en el Señor".

Gutiérrez encuentra no obstante un tercer enfoque bíblico de la pobreza en la imagen del apóstol Pablo, de Cristo salvando a la humanidad: "...por vosotros se hizo pobre, siendo rico; para que vosotros con su pobreza fueseis enriquecidos" (2 Cor. 8:9). La Iglesia está llamada a un tipo similar de solidaridad.

La pobreza tiene así tres significados interrelacionados: deshumanizante carencia de bienes materiales, apertura a Dios, compromiso en solidaridad. El documento de Medellín sobre la pobreza de la Iglesia, que muestra la mano de Gutiérrez, propone un ideal que hay que procurar por cuanto dice que una Iglesia pobre "denuncia la carencia injusta de bienes de este mundo y el pecado que la causa; predica y vive la pobreza espiritual como una actitud de niñez espiritual y apertura al Señor, y se compromete ella misma con la pobreza material".

Gutiérrez considera la pobreza voluntaria como "un acto de amor y liberación" que tiene un "valor redentor". Su motivación más profunda es el amor por el prójimo, y es significativa sólo como compromiso de solidaridad con los pobres, con aquellos que sufren miseria e injusticia. El compromiso es ser testigo del mal que proviene del pecado y contraviene la comunión. No se trata de idealizar la pobreza, sino de tomarla tal como es —un mal— para protestar contra ella y luchar por abolirla.

Algunos han acusado a los teólogos de la liberación de identificar al pobre con el proletariado en el sentido marxista. Quizás estos críticos ven la frecuente referencia a los "pobres" como una especie de lenguaje codificado. En el sentido marxista, sin embargo, "proletariado" es un término técnico que designa a la clase de aquellos que tienen que vender su fuerza de trabajo a la clase capitalista. Estrictamente hablando, el proletariado, la clase trabajadora industrial, y por extensión el plantel permanente de mano de obra, es un segmento relativamente pequeño de la sociedad latinoamericana. La mayoría de los pobres son, o bien campesinos (y por tanto pequeños propietarios), o parte de la economía informal de la ciudad. Marx llamaba a estos últimos el "lumpenproletariado".

Si el marxismo fuese el marco de referencia principal, los teólogos latinoamericanos y aquellos que hacen labor pastoral estarían muy preocupados por identificar al proletariado genuino, la clase revolucionaria en potencia, con objeto de trabajar con ellos. Tanto en su actividad pastoral como en su teología, sin embargo, se centran en aquellos que son pobres por la simple razón de que son pobres. Creen que es eso lo que exige actualmente el seguir a Jesús.

DIÁLOGO Y CONCIENTIZACIÓN

Suponiendo que la gente de la Iglesia quisiera aceptar la pobreza como compromiso con los pobres, ¿qué debería hacer?

Un primer paso sería simplemente ponerse en estrecho contacto con ellos y encontrar formas de compartir su vida. Centenares y hasta miles de hermanas y sacerdotes empezaron a "ir a los pobres". A menudo esto significaba abandonar una vida relativamente confortable e irse a un barrio o a una área rural a vivir en una casa de adobe o una choza de madera como las del pueblo. Al menos compartirían así algunas de las condiciones de la gente. En el campo puede significar tener que caminar constantemente durante horas entre el bosque o la selva, mientras que en un barrio puede significar hacer cola al amanecer para conseguir agua, soportando polvo y suciedad durante la estación seca y lodo durante la de lluvias, viajar en atestados autobuses desvencijados que pueden tomar una hora o más para llegar al centro de la ciudad. En algunos casos podían sostenerse a sí mismos con un trabajo en una oficina o una escuela o, más raramente, en una fábrica. Para la gente de los barrios o de los pueblos al principio era una novedad tratar familiarmente con sacerdotes y hermanas a quienes únicamente habían visto en contextos formales y ritualizados.

Aun cuando podían compartir muchas de las condiciones de los pobres, esa gente no se convirtió en pobre ella misma. Conservaron su educación y su cultura, la seguridad que da ser un sacerdote o una hermana, y sus contactos fuera del barrio o del pueblo. Estaban en la aldea o el barrio voluntariamente y siempre podían irse.

Ir a los pobres, por crucial que fuera, era sólo el primer paso. ¿Qué más tendrían que hacer? A mediados de los años sesenta alguna gente de la Iglesia ya había adquirido considerable experiencia en el desarrollo de proyectos, particularmente en cooperativas. Pero había una creciente conciencia de lo inadecuado de esos esfuerzos. Las cooperativas hacen poco por los campesinos que tienen poca tierra, y nada por los que no tienen ninguna. Desarrollismo era el término peyorativo más escuchado para las reformas "Banditas" que fracasaban en dirigir las cuestiones de poder.

¿Pero qué tipo de papel deben tomar sacerdotes, hermanas y activistas laicos? El modelo para el compromiso con los pobres apareció en concientización (o en la forma portuguesa *conscientização*). El término, que significa aproximadamente "aumento de conciencia", ganó popularidad gracias a la labor del maestro brasileño Paulo Freire a finales de los años cincuenta y principios de los sesenta. Un elemento en la organización rural en esa época era enseñar a los campesinos a leer y escribir. Freire y otros cuestionaron las formas de la alfabetización tradicional, la cual, dando a los adultos el equivalente brasileño del material de lectura de *Dick and Jane* los trataba como niños. En vez de eso, Freire y sus compañeros asumieron que los campesinos con los que trabajaban eran de hecho adultos, y adultos inteligentes —simplemente carecían de los instrumentos lingüísticos necesarios para leer y escribir. De ahí en adelante usaron palabras e imágenes del mundo adulto de los campesinos: sus cosechas, herramientas, costumbres, etc., refiriéndose hasta a asuntos de conflicto y poder como la tenencia de la tierra.

Una sesión típica empezaba con un cartel o la proyección de una diapositiva que mostraba, por ejemplo, campesinos cosechando. Para iniciar la discusión, el que la guiaba simplemente debía preguntar, "¿Qué vemos aquí?" y animar al público a hacer observaciones. De los elementos de la misma fotografía la discusión se trasladaba a su propio trabajo, su valor, y el problema de los equilibrios para vivir. El guía debía luchar para que la gente reaccionara ante la fotografía más que ante él o ella; la fotografía era una "codificación" de su situación en la vida, que "descifraban" a través del diálogo. El estilo simplificador del guía era el reverso de los patrones normales dominantes o paternalistas.

Sólo tras unos cuarenta y cinco minutos o más de una discusión semejante, la sesión pasaba a la enseñanza de la lectura. Freire y sus compañeros habían detectado y seleccionado varias "palabras generadoras", palabras que denotaban realidades elementales en la vida de los individuos (p. ej. "mamá", "papá", "tierra", "maíz", "azadón"), que también poseían materiales lingüísticos elementales ("papá" utiliza solamente dos letras). Aun con sus primeras pocas letras y sílabas, los campesinos pronto estaban construyendo sus propias palabras, más que simplemente recibiéndolas de la instrucción (por ejemplo, cambiando una letra se produce pipa).

Este tratamiento superficial da una idea de lo que era novedad en los primeros esfuerzos de concientización. La presión constante en la experiencia y la expresión de los campesinos cambió el modelo tradicional de enseñanza de arriba abajo en el que quien "sabe", el maestro, imparte conocimientos a uno al que se considera ignorante. Freire aseguró que los métodos pedagógicos convencionales suponían una "idea bancaria" de educación: trataban a la gente como recipientes vacíos en los que podían depositarse conocimientos. Freire y sus compañeros, en cambio, consideraron que hasta los pobres son "sujetos". Usando una técnica socrática que iba de los efectos (su propia pobreza) a las causas (la distribución del poder en la sociedad), llevaron a la gente pobre a una conciencia crítica. También afirmaron la cultura de los campesinos más que buscar introducirlos en una cultura extraña.

Una indicación del poder de *conscientização* era el hecho de que los campesinos a menudo aprendían a leer en unas cuantas semanas. Los organizadores que luchaban por formar grupos campesinos en el nordeste de Brasil usaban el método, y en verdad parecía augurar un camino totalmente nuevo por el cual el pobre podía ser comprometido activamente en su propio desarrollo. El experimento terminó prematuramente por el golpe militar de 1964, y el propio Freire tuvo que salir de Brasil. Durante el resto de la década sus ideas y métodos se divulgaron rápidamente a medida que la gente escuchaba sus conferencias en Chile, donde trabajaba en la oficina de reforma agraria, o en sitios como el centro de instrucción lingüística y cultural conducido por Ivan Illich en Cuernavaca, México.

El "método Freire" proporcionó un modelo de trabajo en el que los extraños —esto es, gente que no es pobre— pueden acudir a las clases populares en una forma no paternalista. Como método, ha dado a personal de la Iglesia, trabajadores sociales y organizadores un sentido de qué hacer, ya sea directamente en clases de alfabetización o usando el enfoque de concientización, para ayudar a la comunidad a unirse, a articular sus necesidades y organizarse. Pueden ser lo que Antonio Gramsci llama "intelectuales orgánicos".

Reforzando esta pedagogía de concientización está una filosofía humanista. En los libros de Freire *Educación para una conciencia crítica* y *Pedagogía del oprimido* se encuentra un idioma filosófico que refleja la filosofía occidental desde los griegos hasta el existencialismo y el marxismo. A primera vista, este paquete parece excesivo para la labor de enseñar a leer a los campesinos. Sin embargo subraya algo muy radical en Freire. Él cree que lo que los filósofos han dicho sobre el "hombre" durante dos mil quinientos años es válido para los pobres de América Latina: que son animales racionales y políticos y que tienen capacidad para gozar y ejercer la libertad. Esto es precisamente lo que la sociedad dominante niega en la práctica, si no con palabras.

Implícita en el "método Freire" está una agenda política que puede llamarse revolucionaria, aunque Freire y sus seguidores son altamente críticos de todos los intentos por organizarla de arriba abajo. Aquellos que van a los barrios y al campo para hacer concientización a menudo desconfían de las organizaciones políticas izquierdistas existentes, particularmente de los partidos comunistas ortodoxos. Creen que a través de un proceso de concientización "la gente" debe decidir por sí misma qué tipo de enfoque organizativo tomarán. El propio Freire ha trabajado con gobiernos socialistas y revolucionarios en Tanzania, Guinea-Bissau y Angola.

A medida que la gente de la Iglesia se dio cuenta del método y el espíritu de concientización, empezaron a ver que cuadraba claramente con el surgiente sentido de cómo debía optar por los pobres la Iglesia. En varios pasajes los documentos de Medellín utilizan el término concientización e ideas relacionadas con él; el documento sobre educación está especialmente en el espíritu de Freire. Esto es todavía más sorprendente por el hecho de que en 1968 el personal de la Iglesia estaba todavía totalmente comprometido con las escuelas privadas. Sin embargo los obispos adoptaron una visión más amplia, concentrándose en los marginados, pidiendo una "educación liberalizadora", y afirmando que la educación debía ser "democratizada". Educación no debía significar incorporar a la gente a las estructuras culturales existentes, sino "darle los medios para que ella misma pueda ser factor de su propio progreso".

Los obispos parecían hacer propuestas para la sociedad en su totalidad. ¿Pero qué pensaban sobre la educación de la Iglesia para sus propios miembros dentro de la fe cristiana? En Medellín, los obispos reconocieron en efecto que aunque los latinoamericanos habían sido católico romanos durante cuatro siglos, en cierto grado no habían escuchado el mensaje de Cristo, al menos en su totalidad. A partir de entonces hablaron de la "evangelización de los bautizados", o de una "reevangelización de los adultos".

En resumen, como resultado de la nueva conciencia de pobreza, los representantes pastorales de la Iglesia intentaron llevar a cabo la misión de ésta compartiendo la suerte de los pobres y comprometiéndolos en un proceso de evangelización que desarrollaría una conciencia crítica.

DIÁLOGOS EN PALO SECO

Cuando Freire y sus compañeros convirtieron sus ideas en un

método práctico para enseñar a leer a los campesinos, la gente de la Iglesia gradualmente introdujo métodos y cursos para ser usados a nivel local. Para darnos una idea de este enfoque pastoral, imaginemos una aldea de unas sesenta y cinco casas a la que llamaremos Palo Seco. Se asienta en las colinas a unos veinte kilómetros por brecha del pueblo más cercano, San Jerónimo. Durante algún tiempo el pastor y las hermanas de la parroquia han visitado la aldea y se han familiarizado con sus habitantes. Ahora un grupo de gente ha aceptado acudir a una serie de encuentros.

La gente se sienta en toscas bancas sobre el piso sucio de un pequeño centro comunitario, la mayoría van descalzos o con guaraches, son flacos y algo tímidos. La mujer que va a conducir la discusión es una forastera. La única señal de que se trata de una monja es la cruz de madera que porta. Durante unos momentos la hermana Elena charla brevemente con la gente. Entonces principia la reunión haciendo hincapié en que la idea no es que ella actúe como maestra, sino más bien que todos ellos se hablen como iguales, ya que todos tienen algo valioso de su propia experiencia con que contribuir.

Empieza la sesión con una pregunta abierta, "¿Hay en el mundo mal e injusticia?" La gente asiente o dice sí, pero luego hay silencio, así que los anima a dar ejemplos y ellos cuentan historias de sobornos políticos u otras formas de injusticia. Con preguntas exploratorias logra que examinen algunos de estos ejemplos, y la discusión se amplía al significado de la injusticia. Después de más o menos cuarenta y cinco minutos les dice que le gustaría mostrar un ejemplo de injusticia en la Biblia y lentamente lee la narración de Caín y Abel. La conclusión es que la injusticia está enrraizada en lo que la Biblia llama "pecado", esto es, cuando el ser humano se rehusa a cuidar de sus hermanos y hermanas y llega hasta a matarlos.

En la siguiente sesión la primera pregunta es simplemente "¿Cómo es Dios?" Nuevamente hay un silencio inicial. Con un poco de aliento la gente empieza a sacar nociones llegadas a través del catecismo tradicional y de la cultura misma, como la imagen de Dios como "Ser Supremo", alguien que está "siempre mirando", un "Juez", o quizás la imagen de un "Padre". Tras cierta discusión de las implicaciones de algunas de estas ideas, la hermana Elena vuelve otra vez a la Biblia, esta vez para leer del tercer capítulo del Éxodo, cuando Dios se le aparece a Moisés y dice:

> Bien he visto la aflicción de mi pueblo que está en Egipto y he oído su clamor [. . .] pues tengo conocidas sus angustias. Y he descendido para librarlos de mano de los egipcios y sacarlos de aquella tierra a una tierra buena y ancha. . . (3: 7-8).

La hermana resume la narración del Éxodo y discuten lo que significa que Dios oye el clamor de su pueblo oprimido y si es válido todavía.

En otra sesión hay una discusión sobre lo que trae satisfacción en la vida humana. La gente cuenta historias sobre los que han buscado dinero, o placer, o poder, y examina los resultados. Esta vez la hermana Elena pone el ejemplo de Jesucristo, cuya vida fue de entrega personal. La verdadera satisfacción humana no se encuentra en el aislamiento sino en el servicio a otros, especialmente en comunidad.

Otra discusión se refiere a las relaciones entre hombres y mujeres, examinando la actitud de los hombres y el doble estándar prevaleciente sobre la fidelidad marital: lo que es completamente inaceptable en una mujer es aceptado como práctica común en los hombres. Esta vez ven que en la Biblia la relación hombre-mujer, a la que algunos consideran como algo sórdido, es una imagen de la unión entre Cristo y la Iglesia. Tanto hombres como mujeres están llamados a ser fieles unos a otros como lo son Cristo y la Iglesia.

Estos ejemplos pueden servir para dar una idea del enfoque general de un curso inicial. Tales diálogos son una exploración de las experiencias humanas básicas dentro de la cultura de la gente misma. El punto de partida puede ser una pregunta, o una historia que sirve como caso de estudio. La gente reflexiona sobre ella, añade sus propias experiencias y sus propias ideas, a menudo en forma de proverbios o sabiduría popular. Éstos son probados particularmente por medio de preguntas de sondeo por parte del guía.

Hasta cierto punto, el elemento bíblico es una reafirmación de experiencias humanas básicas o de cultura popular (por ejemplo, indignación ante la injusticia), pero también pone a prueba nociones prevalecientes (por ejemplo, ideas culturales de un Dios distante y vengativo, o estándares dobles del macho).

En esos grupos los pobres no sólo sienten afirmado su propio valor, sino que empiezan a cuestionar la suposición de que la sociedad tiene que continuar como hasta el presente —que eso es "la voluntad de Dios"— y empiezan a preguntarse si no podría ser de otra manera. Pueden discutir cómo su propio trabajo como campesinos es un cumplimiento de los pasajes del Génesis donde el Señor pone al primer humano sobre todas las aves, los peces, los animales y las plantas nacidas de semilla. Notan también cómo el trabajo humano transforma la tierra. Desde este punto pueden proseguir viendo los sistemas sociales como creaciones humanas, no divinas, y por lo tanto sujetas a mayor acción humana, incluyendo la presión por parte de la gente pobre organizada. Empiezan a tomar lo que Freire llama una postura "transformadora" hacia el mundo.

Como el despertar de la conciencia freireano, este tipo de labor pastoral provoca oposición. En 1980 un modesto sacerdote me dijo en la oficina de la cancillería en San Salvador: "Lo que hice fue ayudar a los campesinos a que se dieran cuenta de su propia dignidad y de su valía, y eso es lo que los poderosos no pueden perdonar."

Los trabajadores pastorales de la Iglesia consideran este proceso como de *evangelización*. Para algunos lectores ese término puede evocar los mítines evangelistas y a la gente levantándose para "declarar en favor de Jesús". No obstante, evangelización significa comunicar el Evangelio, que a su vez significa "buena nueva". La buena nueva es que Dios escucha el clamor de los pobres y está con ellos en sus sufrimientos y luchas. La fe cristiana no es primordialmente un asunto de creer en los personajes y en los acontecimientos relatados en las páginas de las Escrituras, sino más bien de encontrar el significado de la vida actual en términos de esos símbolos bíblicos básicos. El asunto no es simplemente que alguien llamado Jesús de algún modo reapareció después de su muerte en una tierra llamada Palestina y en un pasado muy lejano, sino más bien que su resurrección nos lleva a una nueva vida desde ahora.

Finalmente, al igual que la concientización freireana no es considerada como un proceso por el que un maestro que sabe imparte conocimiento a un aprendiz "ignorante", sino más bien como uno en el que ambos intentan entender juntos al mundo, en este tipo de evangelización a menudo surge que los representantes de la Iglesia, a pesar de su superior conocimiento de las Escrituras, encuentran que están siendo evangelizados por los pobres, cuyo discernimiento de la vida y del sufrimiento, y del contexto bíblico, puede ser muy profundo.

Lo que se ha descrito aquí es simplemente el diálogo inicial bajo la forma de un curso en una comunidad imaginaria. El procedimiento varía considerablemente. El punto de partida pueden ser los problemas de la comunidad, como la falta de agua potable o un raquítico servicio de autobuses. En algunas circunstancias los pasajes bíblicos pueden leerse antes y la gente podrá relacionarlos con su propia experiencia. El elemento esencial es un diálogo serio basado en la fe cristiana que verse sobre asuntos reales de la vida de la gente, con al menos alguna dimensión social. El canto y la oración espontánea forman parte también del encuentro.

Después del curso inicial, los participantes pueden ser invitados a un curso de fin de semana para una presentación más profunda y sistemática de este enfoque bíblico. La gente de la comunidad es adiestrada gradualmente para dirigir las discusiones por sí misma, de manera que la presencia de un sacerdote o de una hermana ya no sea necesaria. Una comunidad eclesial de base toma cuerpo (examinada más adelante en el capítulo 4). Además de proseguir con las reuniones y las discusiones, el grupo a veces emprende acciones comunes como ayudar a reparar una casa o dirigir un esfuerzo comunitario para pedir mejor servicio al Ministerio de Educación. En algún momento los poderosos pueden considerar a la comunidad como una amenaza y usar la intimidación o la violencia.

UNA OPCIÓN POR LOS POBRES

La teología de la liberación está basada en el cambio pastoral ocurrido en la Iglesia católica, donde un número significativo de clérigos han optado por ir a los pobres y comprometerlos en una reinterpretación de su propia tradición religiosa en una forma que está más basada en la Biblia y que les da una postura más transformativa que fatalista hacia el mundo. Los teólogos mismos están comprometidos en esa labor ya sea directa o indirectamente. De ese encuentro con los pobres es de donde surgen las cuestiones de la teología de la liberación. Intelectualmente, la teología de la liberación puede incorporar elementos de la ciencia social y del marxismo, una reinterpretación de la historia latinoamericana, o un contacto con la filosofía contemporánea —p. ej. la hermenéutica— pero el punto de partida al que continuamente regresa es el diálogo en curso con los pobres.

Un punto debería ser obvio desde la misma terminología. Únicamente los no pobres pueden *"optar por"* los pobres. La noción de la opción por los pobres es reconocer que institucionalmente la Iglesia católica ha estado más cerca de las élites que de los pobres. El asunto no es tanto la riqueza material de la Iglesia, que de hecho es modesta, sino el uso de los recursos de la Iglesia, la disposición de su personal y el modo en que concibe su misión en general.

La situación de las iglesias protestantes es diferente. Ellas son el resultado de una ola de actividad misionera de finales del siglo XIX y principios del XX. Las principales iglesias establecidas, metodista, bautista, presbiteriana, luterana, episcopal, etc., se arraigaron en las clases bajas y medias. Sin embargo, son las iglesias tipo fundamentalista o pentecostal las que se han extendido más rápidamente entre los pobres, en parte porque requieren poca instrucción formal para sus ministros, que son ellos mismos pobres. Las iglesias más establecidas, por otra parte, requieren al menos algo de educación de seminario. Algunos protestantes de las iglesias principales han cuestionado si su mensaje de salvación individual ha reforzado las desigualdades en la sociedad.

Como la formularon originalmente los obispos de Medellín, esta opción por los pobres fue un redescubrimiento y una aplicación contemporánea de un elemento central de las Escrituras. Tal como se puso en práctica, esta opción se volvió polémica y hasta conflictiva. Como se mencionará en el capítulo 6, llevó a numerosos enfrentamientos Iglesia-Estado, al asesinato de docenas de sacerdotes y religiosos y de miles de laicos activos, y a numerosos casos de arresto, palizas, torturas e intimidaciones.

No fue sorprendente que trataran de tentar a algunos eclesiásticos para suavizar el compromiso original de Medellín. El hincapié en la pobreza podría hacerse ver como un caballo de Troya para el marxismo; por lo tanto hubo un renovado énfasis en la pobreza como una actitud espiritual. La definición misma de pobreza, así como sus consecuencias para la Iglesia, se volvió polémica.

Al reunirse en Puebla, México, en 1979, los obispos latinoamericanos (Celam) dijeron: "Vemos la creciente brecha entre ricos y pobres como un escándalo y una contradicción para la existencia cristiana. El lujo de unos pocos se vuelve un insulto para la espantosa pobreza de vastas masas..." Se refirieron a esto como a una "situación de pecado social" y un "grave conflicto estructural".

Al hablar de la pobreza, los obispos confirmaron la "clara y profética opción de Medellín, expresando preferencia por, y solidaridad con, los pobres". Después declararon: "Afirmamos la necesidad de una conversión por parte de toda la Iglesia hacia una opción preferencial por los pobres, una opción dirigida a su liberación integral." La "opción preferencial por los pobres" se volvió un lema que resumía el empuje central de la reunión de Puebla y que apoyaba la solidaridad con los pobres como el deseo de Dios para la Iglesia.

3. EL ESPEJO DE LA VIDA

LA BIBLIA LEÍDA POR LOS POBRES

En 1985 un grupo de norteamericanos se reúne con miembros de comunidades cristianas básicas, apretados en la sala de la casa parroquial en el pueblo de La Trinidad, en Nicaragua. Un erudito en el Antiguo Testamento, de Claremont, California, pregunta: "¿Cuáles son sus pasajes favoritos de la Biblia?"

Diferentes personas hablan: "Los Hechos de los Apóstoles, en donde se describe cómo las primeras comunidades cristianas compartían sus bienes y nadie era pobre."

"El Éxodo, donde Dios oye el clamor de su pueblo y viene a liberarlo."

"Cuando Jesús va a la sinagoga y dice que ha venido 'para anunciar a los pobres la buena nueva, y a proclamar la liberación de los cautivos'."

"Mateo 25, cuando dice Jesús: 'Cuanto hicísteis a unos de estos mis hermanos más pequeños, a mí lo hicísteis'."

Si la pregunta la hubieran hecho en cualquier parte de América Latina, la gente habría mencionado muchos pasajes semejantes. Hasta cierto grado, la teología de la liberación está trabajando ya en la selección de los pasajes y en el giro interpretativo que se les da. La gente no descubrió estos pasajes bíblicos espontáneamente, sino como resultado de la interacción con sacerdotes, hermanas y fieles activistas.

Presentaremos aquí algunos de los temas bíblicos principales, con ejemplos de cómo se entienden en la visión religiosa que se encuentra en el corazón de la teología de la liberación.

LA CREACIÓN

Tan populares como la historia de "Adán y Eva", las páginas iniciales del libro del Génesis son fuente de temas importantes. En realidad hay dos relatos de la creación (Gén. 1:1-2:4a y 2:4b-25). El primero es el relato de la creación del cosmos, que toma como un hecho la antigua concepción del Cercano Oriente de una tierra plana con el cielo como cúpula por encima y con agua por debajo. Semejante a un alfarero con arcilla informe, el Señor empieza con un "paraje informe"; separa las aguas primitivas con una cúpula, y crea la tierra seca, la vegetación, los cuerpos celestes, los peces y las aves, etcétera, en "días" sucesivos. Tras de cada "día" viene un estribillo: "Y vio Dios que era bueno." Finalmente en el "día" sexto se crearon el ganado, los animales rastreros y los animales salvajes de todo tipo, y como en un crescendo final Dios dice:

> Hagamos al hombre a nuestra imagen, conforme a nuestra semejanza; y señoree en los peces del mar y en las aves de los cielos, en las bestias, en toda la tierra, y en todo animal que se arrastra sobre la tierra.

Los latinoamericanos pobres, que han crecido rodeados de "plantas que dan semilla" y tienen a las "bestias" en su traspatio y hasta vagando dentro de las casas con piso de tierra, gozan las historias del Génesis. No se turban con la cosmología; comprenden que éstos no son relatos científicos sino poéticos, escritos hace siglos en otras tierras, y que su mensaje es sobre las relaciones de Dios con el mundo y con los seres humanos. No les importa el "creacionismo", el estandarte de algunos religiosos conservadores de Estados Unidos.

Lo que se destaca es la bondad de la creación. Esto se opone al dualismo tradicional de materia y espíritu inculcado por cuatro siglos de catecismo católico. A los seres humanos se les considera como verdadera imagen y semejanza de Dios. El camino al conocimiento de Dios pasa a través de otros seres humanos. Eso no significa seres humanos en general, sino los seres humanos particulares del propio pueblo o barrio.

Dios ha puesto a los seres humanos a cargo de la creación. Nuevamente, los campesinos saben qué es tener "dominio" sobre los animales y hacer que la tierra produzca. La tecnología —por ejemplo, el uso de fertilizantes y plaguicidas químicos— es una extensión de este dominio. Éste es un punto de inicio para discutir el asunto de "naturaleza" y "cultura" tan destacados por Freire: hasta los campesinos más pobres y más aislados tienen y crean cultura y están comprometidos en la transformación de la tierra.

Una reflexión sobre el relato del Génesis puede fácilmente llevarse a la discusión sobre si Dios quiere que unos cuantos individuos posean la mayor parte de la tierra mientras otros tengan poca o nada. En realidad la palabra española tierra tiene el significado de las palabras inglesas *earth, land* y *soil.*

Por lo tanto el Génesis proporciona un poderoso grupo de símbolos para la dignidad y la responsabilidad humanas en el mundo.

En el segundo relato de la creación, Dios crea un hombre soplando sobre el barro. Ya que el hombre está solo y no puede encontrar "compañera adecuada" entre las demás criaturas, el Señor lo hizo dormir, tomó una de sus costillas y formó una mujer. El hombre exclamó:

"Esto es ahora hueso de mis huesos y carne de mi carne;
ésta será llamada Varona porque del varón fue tomada."
Por tanto dejará el hombre a su padre y a su madre
y se unirá a su mujer, y serán una sola carne (2:23-24).

La cualidad de cuento popular de este relato puede conducir a vívidas discusiones entre un grupo de latinoamericanos. Ciertamente, desde un punto de vista feminista el simbolismo de la mujer que es creada de la costilla de un hombre es sólo un ejemplo de la idea patriarcal que se encuentra en todas las Escrituras. En la pedagogía pastoral latinoamericana, sin embargo, se hace hincapié en la igualdad del hombre y la mujer. Aun este texto destaca el carácter sagrado de la unión del hombre y la mujer como "una sola carne". Ese símbolo puede ser un fuerte desafío a la noción del macho que considera natural que un hombre "tenga" más de una mujer.

En esta lectura del Génesis no interesa la historia de la "caída", la expulsión de Adán y Eva del Paraíso por comer fruta prohibida. El prototipo de pecado parece más bien ser el asesinato de Abel por Caín. En cualquier caso, el pecado se trata no sólo como una transgresión o falla individual, sino como una realidad que afecta las estructuras sociales. Por eso los obispos de Medellín hablaban de una "situación de pecado" y en Puebla varias veces afirmaron que el pecado tiene "dimensiones personales y sociales". Esta lectura es similar a lo que otros teólogos contemporáneos describen como el "pecado del mundo", que penetra profundamente la historia y la cultura humanas.

La cultura dominante en América Latina dice a los pobres que ellos no cuentan —ése es su verdadero mensaje aunque demagógicamente pueden hablar de su dignidad y su valor. La lectura teológica del Génesis acentúa aquellos elementos de la Biblia que subrayan la bondad de la creación, la dignidad del pobre como la verdadera imagen de Dios, y su dominio sobre la tierra y sus derechos sobre sus frutos, así como la belleza del amor comprometido entre un hombre y una mujer.

EL ÉXODO: PROTOTIPO DE LA LIBERACIÓN

Sin lugar a dudas el éxodo es el acontecimiento principal en las Escrituras hebreas, el acontecimiento que constituye a Israel como pueblo. En la narración bíblica, Moisés encuentra al Señor en una zarza ardiente y es encargado de sacar al pueblo de la esclavitud. Primero intenta convencer al faraón de su poder invocando una serie de plagas (aguas que se convierten en sangre; peste; langosta, etc.), pero el faraón sigue obstinado hasta la última plaga, la muerte de todo primogénito tanto de humanos como de animales, incluso el suyo. En ese momento concede el permiso para partir y los israelitas marchan a través del mar Rojo, que se abre ante ellos. Cuando el faraón cambia de parecer y los persigue, las aguas regresan, ahogando a sus ejércitos. Este acto de liberación es un paradigma básico de la acción salvadora de Dios.

En una lectura latinoamericana, el punto principal es la preocupación de Dios por liberar a su pueblo:

> Bien he visto la aflicción de mi pueblo que está en Egipto y he oído su clamor a causa de sus exactores; pues tengo conocidas sus angustias, y he descendido para librarlos de mano de los egipcios y sacarlos de aquella tierra a una tierra buena y ancha, a tierra que fluye leche y miel... (Éx. 3:7-8).

Es este un Dios que puede escuchar el clamor del oprimido, que baja, y que lo conduce a la liberación. En 1973 un grupo de obispos en el nordeste de Brasil escribió una severa crítica de la dictadura militar, en aquel momento en la cumbre de su poderío y seguridad. Titularon su carta pastoral "He oído el clamor de mi pueblo" e iniciaron su mensaje con el tema del éxodo.

Una lectura semejante presta relativamente poca atención a los elementos milagrosos como las plagas; más bien se enfoca en el opresivo gobierno del faraón y en la dinámica del liderazgo de Moisés, tanto hacia el opresor como al oprimido. La noción de líderes libertadores es familiar en la historia latinoamericana —p. ej., los libros de historia llaman a Simón Bolívar, el principal líder de la independencia, el "Libertador". Desde otro ángulo la dificultad que experimentan los líderes de pueblos o barrios para hacer que la gente confronte su propia opresión les da alguna comprensión de la exasperación de Moisés por la infidelidad y debilidad de los israelitas.

El "éxodo" no es simplemente un acontecimiento, sino un bosquejo de liberación que proporciona una clave para interpretar las Escrituras y para interpretar la presente experiencia.

PROFETAS Y PROFECÍA, ANTES Y AHORA

Aunque sus inicios se encuentran en la religión mosaica, la época clásica de la profecía hebrea ocurrió entre los siglos VIII a VI a.C., una época de enorme crisis política, moral y religiosa. Durante la época en que ocuparon la tierra de Canaan, el periodo relatado en el Libro de los Jueces (1200-1050 a.C.), los israelitas existieron como una federación de tribus. No obstante, posteriormente, bajo la presión militar de los filisteos, se convirtieron en una monarquía bajo Saúl. Tras un breve periodo de gloria bajo David y Salomón, se dividieron en dos reinos.

Tanto en los reinos del norte y del sur como en cautividad, los profetas clásicos denunciaron la idolatría, la explotación del pobre por el poderoso, y la infidelidad de los gobernantes que no confiaron en el Señor. Su mensaje era a la vez político y religioso: en realidad es evidente que los profetas no hacían esas distinciones.

Algunos de sus oráculos suenan bastante contemporáneos en la América Latina de hoy. Así, Amós habla de "los que explotáis a los menesterosos y arruináis a los pobres de la tierra". Los pinta como regocijándose:

> [...] y falsearemos con engaño la balanza, para comprar los pobres por dinero y los necesitados por un par de zapatos, y venderemos los desechos del trigo (8:5-6).

Miqueas pinta a los explotadores haciendo planes día y noche:

> Y codiciaron las heredades y robáronlas; y casas, y las tomaron; oprimieron al hombre y a su casa, al hombre y a su heredad (2:2).

Para los guatemaltecos estas palabras describen la forma en que los generales y los terratenientes se han apoderado de la tierra, a menudo la de los campesinos que la han desmontado.

En una imagen bíblica común, Isaías pinta al Señor como en un gran juzgado levantándose para acusar a la gente, en especial a los dirigentes:

> [...] vosotros habéis devorado la viña, y el despojo del pobre está en vuestras casas. ¿Qué pensáis vosotros que majáis mi pueblo y moléis las casas de los pobres? (3:14-15).

Otra línea de profecía que resuena actualmente es la crítica de cualquier religión que ensalza el culto a expensas de la justicia y la piedad. Amós tiene esta condena del Señor:

> Aborrecí, abominé vuestras solemnidades, y no me darán buen olor vuestras asambleas. [...] quita de mí la multitud de tus cantares, que no escucharé las solmodias de tus instrumentos. Pero corra el juicio como las aguas, y la justicia como impetuoso arroyo (5:21-25).

En una vena similar, Oseas hace que el Señor diga: "Porque misericordia quise, y no sacrificio; y conocimiento de Dios más que holocaustos" (6:6). Una noción semejante es en realidad una revelación para aquellos acostumbrados a ver el catolicismo personificado en iglesias ornamentadas, en ceremonias llenas de incienso y en eclesiásticos solemnes vestidos con brocados. Algunos han tomado a pecho esta crítica. En El Salvador, el arzobispo Óscar Romero dejó la catedral en construcción sin terminar, para usar los escasos recursos de la Iglesia para los pobres y para trabajo pastoral.

Aunque muchos de sus mensajes son terribles advertencias, los profetas también ofrecen una visión de un "cielo nuevo y una tierra nueva", un día en que la gente no se esforzará en vano y los niños no serán destruidos súbitamente.

Los profetas bíblicos son generalmente extraños, no son parte del establishment religioso de sacerdotes y profetas oficiales. La mayoría de ellos son pobres. Amós, por ejemplo, era originalmente un pastor, y Miqueas proviene de una oscura aldea. Profetizan calamidades por venir, no leyendo el futuro, sino leyendo los "signos de los tiempos". Usando terminología freireana, J. Severino Croatto, el erudito bíblico argentino, llama a los profetas los "concientizadores" del pueblo.

Los latinoamericanos ven la profecía no sólo en los textos

bíblicos sino que continúa en la Iglesia actual. En su corto pero denso libro *Monseñor Romero, verdadero profeta,* Jon Sobrino argumenta que Romero era un profeta en el sentido teológico estricto. Da muchos ejemplos de las denuncias que el arzobispo hizo de la idolatría (del dinero, de los poderes militar y político), del imperialismo de Estados Unidos, de la corrupción y la falsedad, y muestra que estas denuncias están basadas en la palabra de Dios.

Hay reconocimiento general de que la Iglesia misma está llamada a actuar proféticamente. En el encuentro de Puebla en 1979, los obreros hablaron de la Iglesia como "enviada como pueblo profético para anunciar el Evangelio o discernir los llamamientos de Dios en la historia", a "anunciar dónde se manifiesta la presencia del espíritu del Señor", y a "denunciar dónde actúa el misterio de la iniquidad por medio de obras y estructuras que impiden una participación más fraternal en la construcción de la sociedad y el gozo de los bienes que Dios creó para todos".

JESÚS: LUCHA, MUERTE Y REIVINDICACIÓN

La figura de Cristo es una parte familiar del paisaje en América Latina. Sin embargo, para la gran mayoría Jesús es una presencia silenciosa, como la estatua de Cristo en el Corcovado, parado con los brazos extendidos sobre Río de Janeiro. Cuando la gente discute los relatos evangélicos en grupos pequeños, sus estereotipos familiares son impugnados y encuentran una figura de Jesús de tipo diferente.

Un pasaje clave es el relato de Lucas sobre la visita de Jesús a Nazaret, su pueblo natal, al principio de su vida pública. Entra a la sinagoga el *sabbath,* y como rabino visitante recibe un pergamino y encuentra este pasaje originalmente de Isaías:

> El Espíritu del Señor está sobre mí, por cuanto me ha ungido para dar buenas nuevas a los pobres: me ha enviado para sanar a los quebrantados de corazón; para pregonar a los cautivos libertad y a los ciegos vista; para poner en libertad a los oprimidos. Para predicar el año agradable del Señor. (4:18-19)

Los latinoamericanos ven esto como una especie de manifiesto.

Jesús está diciendo que la época de liberación vaticinada por los profetas está presente en él.

Jesús, sin embargo, no se predica a sí mismo sino al Reino de Dios. Cuando cura al pueblo es una señal del Reino, y cuando multiplica unos pocos panes y peces para alimentar a varios miles de individuos es una muestra del banquete que se celebrará cuando venga el Mesías. Los latinoamericanos interpretan que esto significa que la Iglesia no debe concentrarse en ella misma, sino en servir al Reino, que es mucho más vasto que la Iglesia, ya que hasta cierto punto el Reino está cerca dondequiera que los seres humanos están practicando la justicia y el amor.

Jesús vive pobre, se asocia con los pobres y predica la pobreza. Alaba a Dios, su Padre: "que hayas escondido estas cosas de los sabios y de los entendidos, y las hayas revelado a los niños" (Mat. 11:25). Dice: "Bienaventurados *vosotros* los pobres, porque vuestro es el reino de Dios [. . .] Mas ¡ay de vosotros, ricos!, porque tenéis vuestro consuelo" (Luc. 6:20, 24). Cuando un rico joven se le acerca y pregunta lo que debe hacer para salvarse, Jesús resume los mandamientos. El joven dice que los ha obedecido todos y pregunta qué más debe de hacer. Jesús le dice que venda sus posesiones, dé el producto a los pobres y le siga. Como el joven se aleja triste, Jesús sentencia: "[. . .] más liviano trabajo es pasar un camello por el ojo de una aguja, que entrar un rico en el reino de Dios" (Mat. 19:16-24). Siglos de ensalzar la pobreza "de espíritu" han quitado la fuerza de estos textos. La lectura latinoamericana busca subrayar que Jesús habla sobre auténtica pobreza y riqueza materiales.

Un pasaje que se cita a menudo se encuentra en Mateo 25, donde Jesús describe el juicio final. Las gentes se encuentran reunidas ante el Hijo del Hombre, quien las separa en dos grupos "como aparta el pastor las ovejas de los cabritos". Invita entonces a un grupo a "heredar el reino":

> Porque tuve hambre, y me disteis de comer; tuve sed, y me disteis de beber; fui huésped, y me recogisteis; desnudo, y me cubristeis; enfermo y me visitasteis. . .

Ellos le preguntan cuándo le vieron hambriento, sediento, etcétera, y él responde: "De cierto os digo *que* en cuanto lo hicisteis a uno de estos mis hermanos más pequeños, a mí lo hicisteis." Se vuelve entonces a los del otro lado y les dice: "[. . .] tuve hambre y no me disteis de comer", etcétera, terminando con la afirmación, "De cierto os digo *que* en cuanto no lo hicisteis a uno de estos más pequeños, tampoco a mí lo hicisteis" (Mat. 25:31-46).

Aquí la ayuda material práctica para con el prójimo es la medida de una vida justa. Aún más, en la persona de aquellos que son pobres y están necesitados se encuentra Jesús mismo, aunque ni los que ayudan ni los que se niegan a hacerlo lo reconocen. El criterio no es si uno se considera a sí mismo cristiano o no —hasta se puede ser ateo—, sino si ha ayudado a los demás en sus necesidades.

Desde el principio el mensaje de Jesús y sus actos provocan oposición. Tras de la escena en la sinagoga que mencionamos más arriba, dice: "Ningún profeta es aceptado en su tierra", y recuerda a sus oyentes que durante siglos Israel también ha ignorado y hasta asesinado a sus profetas. La gente se indigna, lo expulsa de la ciudad y trata de despeñarlo desde un monte, pero él pasa en medio de ellos y se marcha (Luc. 4:23-30). Esta insistencia en el constante conflicto en la vida de Jesús es un correctivo al énfasis tradicional en su "mansedumbre".

Jesús se gana enemigos con su denuncia de la religión ritualizada sin amor por el prójimo. Denuncia como hipócritas a aquellos que cumplen reglas minuciosas en tanto que descuidan los elementos más importantes, "justicia y piedad y buena fe". La actitud de Jesús hacia la religión se aplica no sólo a su época sino que es más bien la base para una crítica permanente: todas las instituciones de la religión —iglesias o catedrales; vestimentas, incienso o sacramentos; leyes, reglas, o costumbres; órdenes religiosas, diócesis, o el Vaticano— todos ellos son medios, no fines. La verdadera santidad —en verdad, la presencia divina— debe encontrarse en la otra gente que está al lado, y particularmente en los pobres y parias, aquellos a quienes el "mundo" —la estructura del poder— olvida.

Las primeras comunidades cristianas que recogieron y editaron las palabras de Jesús en los Evangelios fueron perseguidas. Por lo tanto, no es sorprendente que gustaran de pasajes como éste:

Bienaventurados sois cuando os vituperaren y os persiguieren y dijeren de vosotros todo mal por mi causa, mintiendo. Gozaos y alegraos; porque vuestra merced es grande en los cielos: que así persiguieron a los profetas que fueron antes de vosotros" (Mat. 5:11-12).

Este texto tiene una resonancia muy contemporánea en Centroamérica, donde los ejércitos han elegido a catequistas como blanco principal para secuestro, tortura y asesinato, y donde los campesinos han tenido frecuentemente que guardar sus Biblias en escondites subterráneos.

Tradicionalmente, la muerte de Jesús se ha presentado como un "sacrificio" y como algo fatalista, algo que tenía que soportar para cumplir la voluntad o el plan de Dios. En realidad, en muchos sitios los Evangelios citan versos del Antiguo Testamento como prueba de que el sufrimiento y la muerte de Jesús habían sido predichos por los profetas. La lectura habitual consideraba a Jesús como una "víctima" humana/divina en un drama cósmico —como si todos los personajes desempeñaran un papel ya predestinado.

Las lecturas contemporáneas, y especialmente en América Latina, intentan recobrar la dimensión humana de Jesús. Su vida es vista como de lucha e incertidumbre en la que la gente, incluyendo al mismo Jesús, toma decisiones humanas verdaderas, con todas sus consecuencias. De esta manera, la ejecución de Jesús por las autoridades tanto de la "Iglesia" como del "Estado" de su época es una consecuencia directa de su mensaje, que es considerado correctamente "subversivo" del orden existente.

Jesús verdaderamente muere y es sepultado. No obstante, algo inusitado, algo inimaginable ocurre. Se aparece a algunas de sus discípulas, y después a los Doce, así como a otros. Se descubre su tumba vacía. Finalmente, encarga a sus discípulos difundir su palabra: "Y he aquí que yo estoy con vosotros todos los días, hasta el fin de mundo" (Mat. 28:20). El darse cuenta de que está vivo y todavía con ellos viene a ser la convicción principal de sus seguidores.

Sea cual fuere el núcleo "histórico" de las narraciones de la resurrección, señalan la reivindicación del Dios de la vida y el mensaje de Jesús. No es vano vivir y luchar como lo hizo Jesús, y de hecho conduce a la plenitud de la vida. Aceptar la resurrección vuelve al revés el significado de la vida y de la muerte. La plenitud de la vida viene por medio de la muerte. Ése es el sentido de las palabras que los Evangelios atribuyen a Jesús. "Si alguno quiere venir en pos de mí, niéguese a sí mismo, tome su cruz y sígame. Porque quien quiera salvar su vida, la perderá, pero quien pierda su vida por mí, la encontrará" (Mat. 16:24-25).

Muchos latinoamericanos han interiorizado esta convicción

sobre la vida y la muerte —están deseosos de morir si deben hacerlo. El arzobispo Romero de San Salvador expresó la convicción de muchos cristianos latinoamericanos comprometidos cuando dijo: "Si me matan, resucitaré en el pueblo salvadoreño." Ya que realmente fue asesinado (mientras decía misa) y vive en el corazón de mucha gente, proporciona un ejemplo contemporáneo del paradigma de muerte/resurrección encarnado en Jesús.

LA VIDA EN LAS PRIMERAS COMUNIDADES DE BASE

En la América Latina de hoy se lee la Biblia a nivel de pequeñas aldeas o barrios, por gente sentada en bancos, a menudo bajo la débil luz de una lámpara de petróleo. Previamente acostumbrada a ver a la Iglesia en el sacerdote o en la enorme construcción en el pueblo, o como una organización con autoridades propias como las del gobierno, empiezan ahora a considerarse ellos mismos la Iglesia. Jesús dijo, "Porque donde están dos o tres congregados en mi nombre, allí estoy yo en medio de ellos" (Mat. 18:20).

Aprenden que de hecho las primeras generaciones de seguidores de Jesús no tenían construcciones especiales para sus iglesias sino que se reunían en sus propias casas. Al hablar de la primera comunidad cristiana en Jerusalén, los Hechos de los apóstoles afirman:

> Y la multitud de los que habían creído era de un corazón y un alma; y ninguno decía ser suyo propio nada de lo que poseía, sino que tenían todas las cosas en común. Y con gran poder los apóstoles daban testimonio de la resurrección del Señor Jesús, y abundante gracia era sobre todos ellos. Así que no había entre ellos ningún necesitado; porque todos los que poseían heredades o casas, las vendían, y traían el precio de lo vendido, y lo ponían a los pies de los apóstoles; y se repartía a cada uno según su necesidad (He. 4:32-35; véase también 2:42-47).

(El que esto sea probablemente una imagen idealizada sólo subraya el hecho de que los autores bíblicos ven ese compartir y esa vida comunitaria como normativa.)

Los latinoamericanos pueden leer el Nuevo Testamento como una descripción de la vida de las primeras comunidades de base.

Son alentados a descubrir que aunque sus pequeñas comunidades son una innovación dentro del catolicismo tradicional latinoamericano, están más próximas a las iglesias fundadas por los apóstoles que las grandes parroquias en donde los individuos permanecen anónimos. Su propia experiencia de iniciar nuevas comunidades, la sensación de entusiasmo al descubrir el mensaje de los Evangelios y su propio sentimiento de misión les permite identificarse con la historia de Pablo y sus esfuerzos misioneros en todo el mundo mediterráneo.

Las numerosas instrucciones éticas en el Nuevo Testamento, a veces bajo la forma de una larga serie de máximas o listas de virtudes, están siempre apoyadas en afirmaciones sobre las bases para un nuevo tipo de vida. Así, Pablo dice: "Estad, pues, firmes en la libertad con que Cristo nos hizo libres, y no estéis otra vez sujetos al yugo de la esclavitud." Explica:

Porque vosotros, hermanos, a libertad fuisteis llamados; solamente que no uséis la libertad como ocasión para la carne, sino servíos por amor los unos a los otros. Porque toda la ley en esta sola palabra se cumple: Amarás a tu prójimo como a ti mismo (Gal. 5:1,13-14).

En otra parte explica que hay cristianos que han muerto y resucitado en Cristo, y saca las consecuencias.

No mintáis los unos y los otros, habiéndoos despojado del viejo hombre con sus hechos, y revestido del nuevo, el cual conforme a la imagen del que lo creó se va renovando hasta el conocimiento pleno, donde no hay griego ni judío, circuncisión ni incircuncisión, bárbaro ni escita, siervo ni libre, sino que Cristo es el todo, y en todos (Col. 3:9-11).

La frase "hombre nuevo" tiene una resonancia especial para algunos latinoamericanos, ya que el Che Guevara y otros marxistas hablan también de un "hombre nuevo" revolucionario (unos cuantos se han sensibilizado lo bastante para añadir "y mujer").

Muchos pasajes del Nuevo Testamento destacan la unidad mística entre Cristo y sus seguidores, que es la base para la unidad entre creyentes. Todos son "un cuerpo" en Cristo. Pablo recalca que los miembros de la comunidad cristiana tienen carismas (dones) diferentes, que se complementan uno a otro, como los miembros del cuerpo. Todos están para servir, incluyendo aquellos cuyo carisma es el liderazgo. "Porque ninguno de nosotros vive para sí, y ninguno muere para sí. Pues si vivimos, para el Señor vivimos; y si morimos, para el Señor morimos" (Rom. 14:7-8).

El nivel más alto de esta mística de amor y unidad se encuentra en la primera Epístola de Juan:

Dios es Amor
y el que permanece en amor,
permanece en Dios, y Dios en él (4:16).

Lo radical de esta visión en su afirmación directa tanto de que Dios es amor como de que la única forma de saber lo que es el amor es amando a otros seres humanos.

Las comunidades del Nuevo Testamento son pequeñas minorías, estadísticamente insignificantes dentro del vasto imperio romano. Ellas también experimentan muchos problemas, incluso la persecución. No obstante, así como los profetas hebreos mantuvieron una visión de esperanza para sus oyentes aun en los más oscuros días de cautiverio y exilio, el Nuevo Testamento propone una visión de un cosmos radicalmente cambiado, especialmente en la visión del Apocalipsis, el último libro en la Biblia. En la "nueva Jerusalén" cuando Dios mora con el pueblo, "Enjugará Dios toda lágrima de los ojos de ellos; y ya no habrá muerte, ni habrá más llanto, ni clamor, ni dolor; porque las primeras cosas pasaron (Apo. 21:1-4).

EXPERIENCIA-TEXTO-EXPERIENCIA: EL "CÍRCULO HERMENÉUTICO"

En este conjunto de temas bíblicos y la forma en que son interpretados desde una perspectiva liberacionista, he venido usando el tiempo presente. La gente encuentra su propia experiencia reflejada en la Biblia. El brasileño Frei Betto dice que los sacerdotes tienden a ver la Biblia como una especie de ventana por la que atisban con curiosidad. La gente de las comunidades de base, no obstante, "miran en la Biblia como en un espejo para ver su propia realidad".

Entienden la Biblia en términos de su experiencia y reinterpretan esa experiencia en términos de símbolos bíblicos. En la jerga teológica a esto se le llama el "círculo hermenéutico" —la interpretación pasa de la experiencia del texto a la experiencia. Como ejemplo, considérense las palabras de Jesús: "[...] si el grano de trigo no cae en la tierra y muere, queda solo; pero si muere, lleva mucho fruto" (Juan 12:24). El texto original ciertamente se refiere a la muerte del propio Jesús. Supóngase, no obstante, que un líder de comunidad es asesinado, y tras el miedo y la intimidación iniciales la gente decide continuar su lucha, inspirada por el ejemplo del líder. Cuando aparece el mismo texto, se considera que se refiere a su líder martirizado, cuya vida da fruto. Por tanto, hay una interacción en curso entre la experiencia de vida y su interpretación a la luz de la Escritura.

En este tipo de lectura de la Escritura la gente encuentra a la vez valoración —como en esos pasajes que hacen hincapié en la preferencia de Dios por los pobres— y desafío —como en la orden de Jesús de amar a los propios enemigos.

La teología de la liberación es muy bíblica, pero no es literal o fundamentalista. Antes de la Ilustración las iglesias simplemente suponían que las Escrituras eran el resultado de un dictado directo de Dios a Moisés, a los evangelistas y a otros autores bíblicos. Sólo lenta y penosamente han aceptado las iglesias métodos históricos y críticos que revelaron, por ejemplo, que los supuestamente libros "mosaicos" eran el resultado de muchos siglos de tradición. En forma similar, los Evangelios dan acceso a Jesús sólo a través de comunidades cristianas muchas décadas después de su vida. El "Sermón de la montaña", por ejemplo, no es un registro palabra por palabra de Jesús, sino una colección de dichos atribuidos a él. Sólo en los últimos veinticinco años ha aceptado totalmente el catolicismo los resultados de la erudición bíblica moderna.

Los teólogos latinoamericanos de hoy no se extienden sobre estos puntos, pero sacan provecho de la erudición aprovechable. Por ejemplo, los milagros de Jesús no son considerados principalmente como pruebas de un origen divino, sino como signos. La alimentación de Jesús a cinco mil gentes con unos cuantos panes y peces se toma como signo del banquete mesiánico. ¿Realmente "multiplicó" Jesús panes y peces? Una generación atrás se destacaba especialmente el poder divino manifiesto en esa habilidad para "suspender" las leyes de la naturaleza. La erudición actual muestra que los autores mismos estaban más atentos a ver la ocasión como un signo del banquete mesiánico prometido, presente ya en forma incipiente en Jesús. Por lo tanto, considerar que este relato expresa la solidaridad de Jesús con los pobres así como un signo del Reino está más cerca del sentido original que tomarlo como parte de una cadena de razonamiento construida de manera racionalista, pasando del poder y autoridad de Jesús a su "fundación" de una Iglesia, y la transmisión de esa autoridad a la Iglesia presente a través del papa y los obispos.

La intención de este capítulo es principalmente comunicar las líneas más importantes de la interpretación de la fe cristiana que se encuentra en el fondo de la teología de la liberación. Para los lectores que son cristianos creyentes habrá muchos puntos de contacto con la fe familiar. No obstante, puedo imaginar que algunos se quedarán con una pregunta muy básica: ¿realmente creen todo esto estos teólogos? Después de todo estudiaron en universidades europeas, pueden leer en varios idiomas y están familiarizados con las complejidades del marxismo. ¿No se preguntarán —quizás por la noche— si después de todo no es esto simplemente una especie de juego lingüístico?

Aun cuando no puedo responder por los teólogos latinoamericanos, pienso que la pregunta merece al menos una modesta consideración. Ciertamente, durante su vida la mayoría de estos teólogos han visto cambiar su propio entendimiento del cristianismo. Su fe puede ser menos literal de lo que era hace veinticinco o treinta años. Sin embargo creo que su respuesta puede ser que su experiencia con la gente pobre ha profundizado y validado su fe. Existe una corriente mística muy tradicional en teología llamada "teología negativa", que asegura que Dios es más diferente que parecido a cualquier representación humana —incluyendo las imágenes bíblicas. Así pues, en el centro del universo hay completo misterio, un misterio que elude cualquier entendimiento humano. Dios —el misterio final— es todavía mayor que nuestra imaginación. Sin embargo, sólo es por medio del amor y el compromiso como podemos entrar en contacto con este misterio.

La firmeza de la fe llega no de conceptos particulares —ni siquiera de los de la teología de la liberación o de la Biblia misma— sino de un compromiso con un cierto tipo de vida, ejemplificada en Jesucristo y vivida actualmente por muchos hombres y mujeres comunes en América Latina. En el compromiso de sus hermanos y hermanas, los teólogos encuentran su propia fe fortificada y validada.

4. UN NUEVO MODELO DE IGLESIA

COMUNIDADES DE BASE CRISTIANAS

La Reforma fue más que las ideas teológicas de Lutero, Calvino y otros. Fue un amplio movimiento materializado en nuevos tipos de congregaciones eclesiales, con un nuevo tipo de liderazgo —pastores en vez de sacerdotes católicos. Similarmente, aunque no son creación de la teología de la liberación, las comunidades de base son una primera materialización de ella. Únicamente en Brasil se estima que hay más de sesenta mil comunidades de esas con una membresía total de dos y medio millones de individuos. El cardenal Ratzinger, jefe de la agencia del Vaticano encargada de la supervisión de la doctrina, ha advertido que las ideas de la teología de la liberación están "ampliamente popularizadas bajo una forma simplificada" en comunidades de base, que las aceptan sin crítica. Por su parte, ejército y policía sospechan a menudo de esas comunidades y las hacen blanco de la represión.

Las comunidades de base eclesiales pueden definirse como pequeñas comunidades conducidas por un laico, motivadas por la fe cristiana, que se consideran a sí mismas como parte de la Iglesia y que están comprometidas en trabajar juntas para mejorar sus comunidades y para establecer una sociedad más justa.

EL SURGIMIENTO DE LAS COMUNIDADES DE BASE

Como la teología de la liberación, las comunidades de base son una respuesta a un conjunto de problemas experimentados en el trabajo pastoral. Como se hizo notar en el capítulo uno, las parroquias en las áreas rurales y en ciudades perdidas que rodean las ciudades a menudo tenían un sacerdote para veinte mil o más católicos bautizados. La práctica religiosa era baja: en la mayoría de los países el 5% o menos de la gente asistía a la misa dominical. Particularmente los hombres se mantenían distanciados de la Iglesia. El "catolicismo popular" de la mayoría de los individuos tenía poco que ver con los ritos oficiales y con las doctrinas de la Iglesia, y más bien parecía estar concentrado en oraciones a los santos. En Brasil, los cultos espiritistas continuaban extendiéndose, y en todas partes las iglesias protestantes, que no necesitan celibato ni clero entrenado en seminarios, ganaban terreno.

¿Cómo iban a ser una realidad los ideales de la renovación eclesiástica propuestos por el Concilio Vaticano II entre la gran mayoría de los católicos latinoamericanos? Iba a necesitarse mucho más que celebrar la misa en español o portugués. Lo que se requería era un nuevo modelo de la Iglesia.

He insistido en el reto que encaraba la Iglesia católica después del Vaticano II porque creo que es importante ver las comunidades de base como el resultado de una respuesta pastoral a ese reto. No son un esfuerzo espontáneo por parte de los pobres, sino el resultado de una iniciativa de los agentes pastorales de la Iglesia, principalmente hermanas y sacerdotes, entre los pobres. Es únicamente en una etapa posterior cuando los pobres mismos se convirtieron en agentes activos en el proceso.

Las comunidades de base no fueron creadas *ex nihilo*. Algunos movimientos dentro de la Iglesia y la experimentación pastoral iniciada desde los años cincuenta son antecedentes. Uno de los más importantes entre esos antecedentes es lo que se llama "Acción Católica especializada". A principios de este siglo, cuando hasta los obispos y el papa reconocieron que la Iglesia había "perdido" a las clases trabajadoras europeas, el sacerdote belga Joseph Cardign inició un nuevo acercamiento hacia los jóvenes trabajadores. Tomando contacto con jóvenes trabajadores fuera de la estructura parroquial, Cardign empezó teniendo encuentros con pequeños grupos en los que se insistía no en la doctrina sino en la acción respecto de los problemas reales de la gente, como el trato injusto del capataz, las luchas sindicales, o las necesidades de un compañero trabajador. El método se resumía en tres palabras: "observa, juzga y actúa". Los participantes podían observar discutiendo los hechos principales, juzgar decidiendo si la situación estaba de acuerdo con el Evangelio, y aceptar actuar en alguna forma, aunque fuese pequeña. En la siguiente reunión evaluarían si habían cumplido de hecho su compromiso y qué impacto podía haber tenido. El sacerdote no dirigía la discusión; entrenaba a los líderes y actuaba como capellán y consejero.

La labor de Cardign evolucionó en un movimiento llamado JOC (Jeunesse Ouvrière Chrétienne, Juventud Obrera Cristiana).

Movimientos paralelos para estudiantes universitarios y de secundaria y para la familia (Movimiento Familiar Cristiano) surgieron por inspiración de Cardign. Todos esos movimientos llegaron a América Latina durante los años cincuenta.

Con su pequeña estructura celular, su enfoque en la experiencia más que en la doctrina y su preocupación por la acción, fueron antecedentes importantes de las actuales comunidades de base. No obstante, continuaban reflejando sus orígenes europeos. Sus sacerdotes capellanes estaban poco interesados en extender estos movimientos, a menudo limitándose ellos mismos a dos o tres células. En Europa estos capellanes estaban inspirados por la mística de establecer una presencia entre un medio "descristianizado". Los latinoamericanos, sin embargo, no estaban apartados de la religión como las clases trabajadoras europeas. Las comunidades de base seguían un procedimiento similar al de observa, juzga y actúa, pero lo duplicarían en amplia escala en pueblos y barrios más que en los *milieux* particulares de los lugares de trabajo y la escuela.

Antecedentes importantes pueden encontrarse también en los movimientos de renovación de la Iglesia que se desarrollaron principalmente entre grupos de profesionales y de hombres de negocios. Los Cursillos de Cristiandad, que cobraron fuerza en España, eran una especie de retiro de fin de semana cuidadosamente estructurados para llevar a una experiencia de conversión emocional. Una vez convertida en cursillista, la gente continuaba reuniéndose para encuentros regulares de continuación, y promovían otros cursillos entre amigos y compañeros. Muchos se convirtieron en activistas de cursillos, por medio de entrenamiento para dar conferencias en las que contaban su propia conversión. La moralidad del cursillo se concentraba en pecados de infidelidad conyugal o de bebida, o en el trato de otros individuos, y tenía poco interés en el impacto de estructuras sociales. La mayoría de los participantes eran de las clases ricas o profesionales, y eran ellos los que marcaban el tono; los pobres que participaban podían sentirse atraídos inicialmente por el aparente aire de "hermandad" cristiana, pero pronto cuestionaban su profundidad y sinceridad.

El punto de arranque exacto de las comunidades de base no puede determinarse con precisión. Lo que sí es evidente es que la experimentación pastoral en un buen número de sitios preparó el terreno. Algunos señalan lo ocurrido en una comunidad llamada Barra do Piraí, cerca de Río de Janeiro, en 1957. Una mujer se lamentó de que en la víspera de Navidad tres capillas protestantes estaban llenas de gente cantando, mientras que la iglesia católica estaba "¡cerrada y a oscuras!... Porque no conseguimos sacerdote". Llevó el asunto al arzobispo Angelo Rossi, quien decidió preparar a individuos para convertirlos en catequistas que podrían reunir a la gente para un oficio de oración semanal, o hasta diario, e incluso para lo que se llamó la "misa sin sacerdote". Sin embargo, sólo en retrospectiva puede considerarse este incidente como lo que llevó a las comunidades de base. Realmente se entrenaron catequistas en muchos países latinoamericanos. Aunque tales grupos dirigidos por laicos tendrían mucho en común con las subsecuentes comunidades de base, estaban bajo control clerical y parecen haber sido principalmente devotos, con poco interés en los asuntos de la comunidad. El Primer Plan Pastoral Nacional (1965-1970) de los obispos brasileños ya pedía la subdivisión de las parroquias actuales en "comunidades básicas".

En 1963 un grupo de sacerdotes de Chicago, bajo la dirección de Leo Mahon, experimentó con un tipo de trabajo pastoral en los aledaños de la ciudad de Panamá, con grupos de diálogo entre adultos. Éstos desarrollaron la mayoría de los rasgos del tipo de pedagogía descritos en los capítulos 2 y 3 y tuvieron una enorme influencia. A partir de mediados de los años setenta centenares de sacerdotes, hermanas y laicos visitaron San Miguelito, y muchos adoptaron sus métodos en toda América Latina.

Hacia finales de los años sesenta el modelo de comunidad de base había ganado amplia aceptación, aun cuando muchos clérigos se resistían. En Medellín los obispos declararon que la Iglesia debería hacerse presente en pequeñas comunidades locales, formando un núcleo comunitario de fe, esperanza y caridad. Consideraron la comunidad de base la "célula inicial" para construir la Iglesia y el "punto focal para la evangelización". También consideraron que podría ser una contribución importante para los esfuerzos del desarrollo. Institutos de entrenamiento del Celam (Consejo Episcopal Latinoamericano) en Chile, Colombia y Ecuador difundieron las ideas y la metodología de las "comunidades de base". Dos sacerdotes, José Marins, brasileño, y Edgard Beltrán, colombiano, viajaron tiempo completo dando cursos sobre ellas a través de América Latina.

Los teólogos y teóricos sociales proporcionaron un análisis razonado para este nuevo tipo de trabajo pastoral. Señalaron que las comunidades del Nuevo Testamento eran "casas-iglesias", por lo tanto las comunidades de base estaban recuperando una tradición olvidada. Los sociólogos señalaron que, al contrario de la estructura parroquial más grande, en la que los individuos se perdían en una masa anónima, la pequeña comunidad favorecía el compromiso, el crecimiento personal, el diálogo y el pensamiento crítico. Algunos sugirieron que la comunidad de base debía volverse la célula básica de la Iglesia y que la parroquia debía convertirse esencialmente en una red de esas comunidades, en las cuales el sacerdote o la hermana serían entrenador, adiestrador y guía espiritual.

Resumiendo, las "comunidades de base cristianas" surgieron de una conciencia crítica de lo inadecuado de los modelos pastorales existentes, como resultado de algunos esfuerzos pastorales tempranos basados en grupos pequeños, de experimentos iniciales en varios países, y de un análisis razonado proporcionado por teólogos y sociólogos.

Han sido los pobres quienes han respondido al trabajo pastoral de las comunidades de base. La misma palabra "base" se entiende comúnmente como "la parte más baja" de la sociedad, esto es, la mayoría pobre. Esas comunidades han sido organizadas ya sea en áreas rurales o en las ciudades perdidas que rodean a las grandes ciudades. Son los pobres los que sintieron la necesidad de reunirse. Más aún, los trabajadores de la Iglesia encontraron fácil establecer comunidades de base en las áreas rurales. En las ciudades perdidas urbanas la gente tiene más distracciones, como la televisión, y lleva una vida más agitada (por ejemplo, las distancias y los autobuses públicos atestados provocan que los trabajadores lleguen tarde a sus casas, teniendo que levantarse muy temprano), y en un principio puede sospechar de los extraños y hasta de sus vecinos.

En general las comunidades de base no han arraigado en el catolicismo de las clases media y alta. Esos individuos siguen atendidos por escuelas católicas y por parroquias que no se diferencian de las de Estados Unidos y de Europa, así como por movimientos (los Cursillos de Cristiandad, el Movimiento Familiar Cristiano).

Las comunidades de base pueden aparecer en formas diferentes. Muchas han empezado con un curso de conversación como el descrito en el capítulo 2. Otras se han iniciado con "Círculos bíblicos" –esto es, el texto bíblico mismo sirve como punto de partida para la discusión. En otros casos un sacerdote o una hermana pueden estar comprometidos con una comunidad, ayudándola a organizarse para luchar por sus derechos, y entonces gradualmente guiar a la comunidad, o a algunos de sus miembros, para orar y reflexionar sobre el significado de su implicación en la sociedad. En la práctica, las actividades religiosas y sociales de una comunidad tienden a encajar. Un grupo puede reunirse para leer la Biblia, cantar, reflexionar y orar, y después pasar a discutir la situación de una cooperativa, o salir a arreglar un camino para que los autobuses y camiones puedan llegar al pueblo.

RELIGIÓN POPULAR

Las expresiones más características del catolicismo latinoamericano tradicional se encuentran en la religiosidad popular, como las procesiones y la devoción a los santos. Durante Semana Santa puede haber grandes procesiones representando los últimos días de Jesús. Individuos enfermos o desempleados pueden prometer a la Virgen que si se resuelven sus problemas harán una peregrinación o cumplirán una penitencia particular. Para los extraños o para las élites locales, esas prácticas son muestra de la superstición campesina. La identidad de los protestantes ha sido ligada estrechamente con su rechazo de esta religiosidad. Sin embargo, para la mayoría ha sido fuente de consuelo y fuerza durante siglos.

Antes del Concilio Vaticano II el catolicismo popular no era un problema pastoral en sí. Los sacerdotes y el pueblo podían participar en el mismo rito con muy diferentes interpretaciones. Por ejemplo, al hacer un bautizo el sacerdote puede pensar que está quitando el pecado original, mientras que la gente puede considerar el bautismo como una medicina contra la enfermedad o como otorgar un tipo de ciudadanía. La religiosidad del pueblo era parte esencial de una visión del mundo más amplia, muy diferente de la del sacerdote. Ninguna de las partes comprometía a la otra.

Con el Vaticano II y el movimiento general de modernización que lo acompañó, la religión popular se convirtió un poco en problema. Parecía reñida con la renovación católica en todos sus aspectos: parecía más interesada en la observancia superficial que en la convicción profunda; daba la impresión de estar basada en leyendas sobre los santos más que en el Evangelio de Jesucristo, y su preocupación parecía ser las prácticas religiosas más que las demandas éticas de amor.

La secularización, una palabra murmurada durante el periodo posconciliar inmediato, sugería una evolución rectilínea lejos de la religiosidad. Si esto era así, la religiosidad popular estaba destinada a desaparecer. Algunos teólogos y teóricos pastorales influidos, al menos indirectamente, por Karl Barth, deseaban adoptar la secularización, ya que desde su punto de vista el cristianismo no era una religión. (Aquellos poco familiarizados con la teología moderna probablemente encontrarán extraña esta aseveración. Desde el punto de vista de Barth la religiosidad natural humana y las muchas religiones en la historia representan los esfuerzos humanos para llegar a Dios, y de hecho son formas de idolatría. Lo que presenta la Biblia no tiene nada en común con la religión: ésta es la revelación de Dios a los seres humanos, que es lo contrario a toda expectativa humana.)

Sea cual fuese su teología o sus teorías de secularización, muchos sacerdotes se sentían incómodos con la religiosidad popular. Algunos llegaron tan lejos como hasta a quitar las estatuas de los santos de las iglesias. Intentaban enseñar una forma de la fe cristiana más bíblica e interiorizada. Se volvió costumbre requerir que los padres recibieran instrucción antes de que pudieran bautizar a sus hijos.

En general, la Iglesia y su personal habían perdido contacto con la religión popular. En 1969 el mismo Vaticano, con el fin de racionalizar el calendario eclesiástico, anunció que algunas festividades de santos quedaban eliminadas. Más sorprendente aún fue que las autoridades del Vaticano reconocieran que no había pruebas históricas de que algunos santos hubieran existido siquiera, incluyendo al popular San Cristóbal, santo patrono de los viajeros. Los latinoamericanos que supieron de la decisión se encolerizaron. Un pescador me dijo que eso había sido como si hubiesen puesto ante un pelotón de fusilamiento a los santos favoritos del pueblo.

En breve, sin embargo, trabajadores pastorales y teólogos hicieron una segunda consideración, más crítica, sobre su enfoque del catolicismo popular. Se dieron cuenta de que no tenían que aceptar los análisis europeos de secularización y sus teologías. Buscaron entender a la religión popular dentro del contexto de la cultura popular como un todo. Esa cultura era una respuesta comprensible a una situación de pobreza y dominio. Si, por ejemplo, a la gente se le impide sistemáticamente tener un poder verdadero cualquiera, no es de sorprender que busquen abogados poderosos en el cielo. Si mucha gente no tiene acceso a la medicina moderna y ve morir a sus hijos, no es sorprendente que consideren el bautismo como un posible remedio. De hecho, desde la época colonial la religión ha permitido a la gente sostenerse y resistir bajo condiciones muy difíciles y dar sentido a la vida. La religión popular, en vez de ser juzgada como "masificante" podría considerarse como una aspiración contenida a la ciudadanía.

Metodológicamente, el respeto por la religiosidad popular llegó a significar escuchar antes de enseñar, buscar comprender y después ayudar a la gente a llegar a una conciencia crítica de sus propias tradiciones y prácticas religiosas. Esto puede considerarse como aplicar la filosofía de la concientización al ámbito religioso tanto como a la sociedad. En algunos casos la gente podría decidir cambiar sus prácticas tradicionales. Por ejemplo, una comunidad podía tomar una decisión colectiva para controlar o eliminar el alcohol en la fiesta del santo patrono, no por razones moralistas, sino porque estaban siendo explotados por los fabricantes de licor y porque cuando se emborrachaban desfiguraban la imagen de Dios en su interior. En otros casos podrían dar una interpretación nueva y más bíblica a una costumbre existente. Así, una procesión podría ser vista como símbolo del antiguo Éxodo de Egipto y la marcha hacia la liberación hoy.

IMPACTO SOCIAL

Las comunidades de base, como he recalcado, han surgido como una respuesta pastoral por parte de la Iglesia católica. La motivación inicial de los sacerdotes y hermanas que las iniciaron era cumplir su propia misión encontrando una forma más apropiada de la Iglesia para los latinoamericanos pobres. Su objetivo no era político. Hasta hoy muchas comunidades de base son esencialmente pastorales y no políticas, al menos no en una forma conflictiva.

Lo que ha llamado la atención, no obstante, ha sido el potencial político de estos grupos, especialmente en las circunstancias más extremas, como en Centroamérica, donde el trabajo pastoral de las comunidades de base preparó el terreno para organizaciones populares y lucha revolucionaria.

Para no caer en lo que podría ser una idea exagerada de esas comunidades, es bueno tomar en cuenta que sólo una pequeña parte de la población participa en las comunidades de base. En cualquier país sólo una minoría de parroquias —quizás el

10%— ha adoptado este modelo de trabajo pastoral. En algunas diócesis rurales, en donde grupos pastorales cooperan en los límites parroquiales, el porcentaje puede ser considerablemente más alto, mientras que en algunas capitales con millones de habitantes, muy pocas parroquias, aun en las "ciudades perdidas" circundantes, tienen trabajo serio de tipo comunidades de base. En segundo lugar, incluso donde las comunidades de base están altamente desarrolladas, sólo una minoría de miembros se vuelven participantes activos. En Aguilares, El Salvador, por ejemplo, empezando en 1972, un bien organizado grupo de jesuitas inició este tipo de labor. Después de mucho trabajo sistemático han establecido diez comunidades en los pueblos y veintisiete en los poblados circundantes. En su evaluación, estiman que de los 30 000 habitantes del área no más de 5 000 tiene alguna idea del Evangelio, para 2 000 significa algo, y de cerca de 400 se podría decir que están comprometidos. Algún tiempo después estimaron que un promedio de 673 individuos asistían semanalmente a la "celebración de la Palabra" en las comunidades de base. A pesar de la considerable atención dada a las comunidades de base en Nicaragua, menos del 1% de la población participa en ellas. Aun en Brasil, donde estas comunidades están más desarrolladas, poco menos del 2% del país participa activamente en las comunidades de base.

Para decirlo en otra forma, hay varias veces más protestantes y evangelistas activos que miembros de las comunidades de base católicas. Estas consideraciones cuantitativas son importantes para mantener un sentido de la proporción. La importancia de las comunidades de base es principalmente cualitativa.

El impacto social y político de las comunidades de base puede ser considerado en términos de: *1*] un aumento inicial de conciencia; *2*] su visión de la vida y la motivación para el compromiso; *3*] el sentido de comunidad, de ayuda y apoyo mutuo que generan; *4*] la experiencia de democracia popular; *5*] las acciones directas en las que comprometen, y *6*] los efectos políticos directos.

Las etapas iniciales de concientización, lo que la gente misma a menudo llama su "despertar", han sido descritas en el capítulo 2. Quizás el elemento esencial va más allá del tema, y es el acto mismo de cuestionar la forma en que son las cosas. Las comunidades de base usan una metodología basada en preguntas. Además, la gente también adquiere algunas categorías de análisis simples. En un curso de fin de semana, tras de haber reunido sus ideas sobre un tema como la tenencia de la tierra por ejemplo, el que dirige el debate puede proporcionarles algunas estadísticas que les permitan apreciar dónde encaja su propia experiencia en el contexto más amplio de su país como un todo. O bien puede haber una sesión entera sobre las diferencias de clase, con la gente proporcionando sus descripciones de las distintas clases. Usando sus conocimientos, el que dirige el debate puede tomar un marcador y dibujar su sociedad en forma de una pirámide. Los críticos pueden acusarlos de inculcar el antagonismo de clases; otros pueden oponer que simplemente significa ayudar a la gente a sistematizar lo que ya han observado y experimentado.

Como se ha descrito en el capítulo 3, las Escrituras proporcionan una serie de símbolos que bosquejan un ideal de vida. La gente adquiere un fuerte sentido de que como seres humanos están llamados a ser agentes activos en la historia. Varios textos bíblicos proporcionan imágenes de lo que debería ser la vida humana: una sociedad de hermanos y hermanas, una vida de compartir y de igualdad. Si se pretende para la sociedad en su totalidad, esto es una visión utópica. Para los cristianos rurales esta utopía proporciona un ideal o finalidad lejanos, que posiblemente nunca pueda realizarse íntegramente. Sin embargo los latinoamericanos encuentran ese ideal más comprensible y vigorizante que lo que ofrece el marxismo en frases como "una sociedad sin clases".

Parte de lo que hace eficaces esas nociones es que la gente ha visto su efecto, aunque en muy modestas formas, a nivel local. La experiencia que adquieren juntos en las comunidades de base puede haber abatido las barreras de desconfianza previamente existentes. En algunos casos, pueblos o familiares en pleito se han apaciguado. Los proyectos de trabajo conjunto para la comunidad son otra fuente de unidad.

Tradicionalmente, los líderes locales de la comunidad han tendido a copiar los modelos existentes de la sociedad dominante, convirtiéndose ellos mismos en pequeños dictadores o a lo más en populistas demagogos. Al compartir ampliamente el liderazgo y al buscar actuar con consenso, las comunidades de base han dado a mucha gente el sentido de una forma popular del proceso democrático. Esa experiencia a su vez los ha hecho mas críticos sobre los procedimientos políticos existentes.

Algunas veces los miembros de las comunidades de base deciden iniciar una acción a comprometerse en una acción. Un brasileño cuenta, por ejemplo, casos en los que la gente rodeó y capturó al dueño de una plantación que los amenazaba injustamente, lo llevaron por la fuerza ante las autoridades del ejército y obtuvieron su compromiso de no continuar haciéndolo. Las comunidades de base han estado involucradas también en invasiones de tierras. Esas acciones no son violentas y, en realidad, las redes activas organizadas de no violencia en América Latina, coordinadas por Adolfo Pérez Esquivel, el argentino ganador del Premio Nobel, son principalmente redes de comunidades de base.

Las comunidades de base indudablemente influyen en el proceso político. Funcionan efectivamente como escuelas de cuadros, principalmente para liderazgo dentro de la Iglesia. Sin embargo, las cualidades de liderazgo desarrolladas en ellas pueden tener influencia dondequiera. En Centroamérica las organizaciones de masas de campesinos se desarrollaron fuera del campo preparado por el trabajo pastoral. Frecuentemente a nivel de pueblo, la misma gente que ha formado las comunidades de base puede convertirse en miembro de una organización campesina militante, pues en su interior había una relación directa entre su despertar por medio del Evangelio, sus esfuerzos de organización local y su decisión de unión en una organización nacional campesina. Un organizador nicaragüense dijo después que los sandinistas consideraban a las comunidades de base como "canteras" para su organización.

Durante los peores años de dictadura en Brasil, las comunidades de base proporcionaron un pequeño espacio en donde la gente podía reafirmar su dignidad y su esperanza. A medida que los militares fueron suavizando la severísima represión y el país se preparó para volver a las formas democráticas representativas, había una intranquilidad considerable entre las comunidades de base y los agentes pastorales que trabajaban con ellas. Los agentes pastorales dudaban del proceso político. Algunos indudablemente estaban temerosos de que los políticos simplemente hicieran desaparecer a los líderes que habían tardado años en formar. Con mayores principios, alguna gente de Iglesia argumentaba que cualquier cambio significativo tenía que venir del campo y por lo tanto rechazaba los partidos políticos. Esta actitud recibió la etiqueta peyorativa de basismo-"ruralismo".

Algunos brasileños pensaron que las comunidades de base canalizarían sus miembros hacia una opción política particular, especialmente votando por el Partido Obrero. Los grupos pastorales tenían realmente cursos y material educativo destinado a desarrollar una conciencia crítica sobre el proceso político.

Las comunidades de base discutían los criterios para hacer una elección política. Las investigaciones mostraron que votaron mayoritariamente por los partidos de oposición, pero no proporcionaron un voto unánime por ningún partido en especial.

LAS COMUNIDADES DE BASE Y TODA LA IGLESIA

A medida que se han multiplicado, las comunidades de base han provocado un gran número de interrogantes: ¿Son un nuevo modelo de la Iglesia destinado a extenderse hasta que se conviertan en la norma? ¿Qué suponen para la institución de la Iglesia católica como un todo?

Obviamente, grupos de gente pobre dirigidos por laicos pueden no engranar fácilmente con el sistema vertical de autoridad de la Iglesia católica. A las autoridades eclesiásticas les gusta ver a las comunidades de base simplemente como una subdivisión conveniente de la parroquia; en consecuencia, cada comunidad está bajo la autoridad del pastor, quien a su vez lo está bajo la del obispo. La comunidad de base es simplemente la última subdivisión de la Iglesia católica romana universal. En la práctica, tal concepto mantendría a las comunidades de base bajo el tutelaje permanente del clero.

No obstante, las comunidades de base han mostrado una habilidad cada vez mayor para asumir responsabilidades y tomar iniciativas. Una serie de congresos nacionales llevados a cabo en Brasil ejemplifican esta tendencia. Asistieron al primer encuentro, en Vitória, Espírito Santo, en 1975, media docena de obispos, algunos expertos, más de veinte trabajadores pastorales y unos cuantos miembros de dichas comunidades. Unas cien personas acudieron al segundo de estos encuentros, también en Vitória, la mitad de ellos de las comunidades de base. Esta vez grupos rurales habían enviado cerca de cien informes que estudiaron los teólogos, científicos sociales, etc., y de los que sacaron conclusiones que turnaron a los grupos. Dos terceras partes de las doscientas personas que acudieron al tercer encuentro, en João Pessoa, al noreste de Brasil, en 1978, eran rurales, y se encargaron de organizar todo el encuentro. Según Leonardo Boff, los participantes estaban virtualmente unánimes en dos puntos: *1*] el origen de la opresión que sufren es el sistema capitalista elitista y exclusivo, y *2*] la gente resiste y es liberada hasta el punto en que se vuelve unida y crea una red de movimientos populares. En el Cuarto Congreso en Itaici, en el estado de São Paulo, en 1981 había trescientas personas representando a setenta y una diócesis, mientras que el quinto, en Canindé, Ceara, en el noreste asolado por las sequías, estuvo aún más en manos de los laicos pobres.

Lo notable no es la participación laica como tal, sino el hecho de que los pobres han tomado un fuerte papel de liderazgo en el movimiento de comunidades de base a nivel nacional en Brasil. Inicialmente tuvieron que aprender procedimientos como dirigir encuentros, tomar notas y llegar al consenso de los trabajadores pastorales de clase media, pero cada vez más hacen al movimiento suyo.

Hay señales de que la gente de las comunidades de base puede estar asumiendo otro tipo de responsabilidad. Normalmente las comunidades de base se han desarrollado sólo donde sacerdotes y hermanas han trabajado para crearlas. Los líderes son entonces elegidos en la comunidad local. En años recientes, sin embargo, hay veces en que los laicos mismos toman un papel "misionero". Esto es, sienten un llamado para dejar su propia comunidad y viajar a otras, un poco a imagen del misionero apostólico itinerante presentado en el Nuevo Testamento. Este tipo de iniciativa parece ampliar los límites de las estructuras eclesiásticas normales.

A la larga, estos desarrollos amenazan la forma en que ha operado la Iglesia católica. En Medellín (1968) los obispos recomendaron sin reservas la formación de comunidades de base. Durante los últimos años setenta, se pusieron en guardia. Los críticos objetaron el término "Iglesia popular" o "Iglesia del pueblo", haciendo hincapié en que la Iglesia nace del Espíritu Santo y no de una clase social en particular. La frase "Iglesia popular" era de hecho una forma abreviada de un lema usado en la reunión de Brasil en 1975: "Una Iglesia nacida del pueblo por medio del Espíritu de Dios."

Las comunidades de base, junto con la noción de "Iglesia del pueblo", estaban pues controvertidas cuando los obispos latinoamericanos se reunieron en Puebla en 1979. Junto con alabanzas a las comunidades de base, los obispos expresaron palabras de cautela y de advertencia. Insistieron en que la Iglesia debe verse "como un Pueblo histórica y socialmente estructurado" que "representa la estructura más amplia, más universal y mejor definida en la que debe inscribirse la vida de las comunidades de base si no quieren caer en el peligro de la anarquía organizativa o el elitismo de miras estrechas y sectarista".

Curiosamente, los obispos —la dirección superior de la Iglesia—, que gozan de los privilegios de las principales élites en las sociedades latinoamericanas, sugerían que los cristianos pobres en los barrios o pueblos corrían el riesgo de convertirse en élites. Teológicamente afirmaban que las comunidades de base estaban incompletas sin las instituciones de la Iglesia más amplia: esto es, la parroquia y la diócesis.

Más que atacar a las comunidades de base de frente, sin embargo, el enfoque de Puebla es envolverlas en una eclesiología general en la que quedan subordinadas a la institución jerárquica. Vale la pena estudiar el argumento por lo que revela del uso que se hace de la teología.

En su descripción más directa de cómo trabajan las comunidades de base, los obispos destacan los aspectos religiosos, aunque mencionan el compromiso con la justicia, la solidaridad y el compromiso en general. El término "base" se toma en el sentido de una célula en un organismo más que en el de ser la parte más baja de una clase social. En este pasaje no se menciona la liberación, sino más bien el construir una "civilización de amor" (frase de Paulo VI frecuentemente citada en los documentos de Puebla). Se dice que las comunidades de base "personifican el amor preferencial de la Iglesia por la gente común".

Los obispos presentan a la Iglesia como más plenamente presente en la parroquia, y aún más en la diócesis. La eucaristía es celebrada en la parroquia, que "subsana las limitaciones inherentes a comunidades pequeñas". La diócesis goza de "primacía" entre las comunidades eclesiales porque está presidida por un obispo. Este enfoque centrado en el obispo no es sorprendente en un documento preparado por obispos, y hay apoyo para él en los documentos del Vaticano II.

Sin embargo, la cuestión de dónde está "presente" la Iglesia puede plantearse en otra forma. Se podría decir que la Iglesia está presente en donde se compromete directamente en su misión evangelizadora, sobre todo en contacto con el sufrimiento y la lucha del pueblo, llevándoles palabras de esperanza. Desde esta perspectiva la Iglesia estaría más "presente" en las pequeñas comunidades en la línea frontal. Los elementos institucionales de la Iglesia, incluyendo a los obispos y al papa, existirían para servir a la difusión del Reino. La Iglesia debe mostrar una igualdad radical, en la que ni el obispo ni el papa sea superior a un dirigente laico en las remotas cuencas del Amazonas. La diferencia es de función. De las descripciones de los participantes parecería que los últimos congresos de las comunidades de base en Brasil han empezado a prefigurar esa situación modestamente. Por ejemplo, el clero y hasta los obispos son indistinguibles del resto (excepto por usar anteojos o tener barriga) y todos deben aguardar turno para hablar.

El argumento de que la celebración de la eucaristía en las parroquias hace a la Iglesia más plenamente presente puede ser invertido. Si las "líneas frontales" de la Iglesia están con las comunidades de base, parecería adecuado que la gente estuviera apta para celebrar la Cena del Señor en forma regular. Si una "carencia de sacerdotes" hace esto imposible, el sistema católico para preparar y ordenar sacerdotes debe ser cuestionado y reexaminado. En sí mismo, el celebrar la eucaristía no requiere de años en el seminario; de hecho, requiere poco más adiestramiento del que tienen los líderes laicos. ¿Por qué no, entonces, cambiar la disciplina eclesiástica y permitir a la gente de la comunidad —tanto mujeres como hombres— ser designados y ordenados?

Obviamente, una práctica semejante iría en contra de la repetida negativa del Vaticano para considerar la posibilidad de sacerdotes casados o mujeres sacerdotes. Ya que las comunidades de base se consideran ellas mismas parte de la Iglesia católica y no tienen deseos de separarse, pueden plantear el asunto discretamente pero no resolverlo ellas mismas.

Mientras que algunos críticos han intentado pintar las comunidades de base como antinstitucionales o como potencialmente cismáticas, los involucrados en el movimiento saben con certeza que no rechazan el marco institucional de la Iglesia católica romana. Lo aceptan no sólo por razones pragmáticas o tácticas, sino por convicción teológica. En este sentido, los teólogos latinoamericanos de la liberación son más conservadores que muchos de Europa o de Estados Unidos.

Son los no pobres quienes eligen una "opción por los pobres". Hasta qué punto la Iglesia católica romana como un todo no sólo optará *por* los pobres, sino que se convertirá en una Iglesia *de* los pobres, sigue siendo una pregunta abierta.

5. LOS PIES EN LA TIERRA

DE LA EXPERIENCIA A LA TEOLOGÍA

Durante varios años Clodovis Boff, teólogo como su más famoso hermano Leonardo, pasó medio año enseñando en Río de Janeiro y el otro medio año haciendo trabajo pastoral con sacerdotes y hermanas en el estado de Acre, en el extremo occidental de la cuenca del Amazonas, cerca de Bolivia. Reunió sus notas desde 1983 en una especie de "diario teológico", publicado bajo el título *Teologia Pê-no-Chão* (Teología con los pies en la tierra). Sus reflexiones van desde inquietudes pastorales sobre el significado de sacramentos como el bautismo o la eucaristía para el pueblo, la explotación de los recolectores de caucho en la región y la desaparición gradual de su modo de vida y su propia miseria mientras camina por largas horas entre la selva con un pie infectado, hasta su deleite al cruzar entre miles de mariposas en un claro.

Unos años antes había publicado *Teologia e Prática,* el tratado más completo de la metodología teológica por un latinoamericano. En esa obra utilizó ampliamente las ideas de teóricos como Bachelard, Bourdieu, Gadamer, Habermas, Ricoeur, Piaget y Foucault, así como de los principales teólogos modernos.

Al ir a Acre, Boff estaba indudablemente optando conscientemente por poner los pies en la tierra –en realidad en el lodo de la selva. Y sin embargo en lo que hizo no repudiaba su trabajo teórico, y mucho menos tomaba una posición antintelectual.

Los teólogos de la liberación son intelectuales. Producen un constante flujo de libros y artículos y toman parte en conferencias. Lo que hace su labor diferente de la teología más académica y del papel usual del intelectual es su conexión con el trabajo rural y los movimientos populares.

Tienen impacto en los acontecimientos, y su propio trabajo se ve afectado por su compromiso con las fuerzas populares. Su objetivo es ser "intelectuales orgánicos" (Antonio Gramsci) –esto es, intelectuales cuya labor está directamente relacionada con la lucha popular.

Los tres capítulos precedentes se han enfocado ampliamente

sobre la labor pastoral a nivel del pueblo o del barrio. Naturalmente, una especie de teología está trabajando ya ahí, al menos implícitamente, por ejemplo en la elección de los pasajes bíblicos comentados y en el tono interpretativo empleado. Capítulos posteriores se referirán a las cuestiones particulares institucionales e ideológicas que han surgido de ese trabajo pastoral. Ahora quisiera hacer algunas observaciones sobre el nexo entre teología de la liberación y experiencia, examinando al auditorio proyectado, la relación entre teoría y práctica, el uso de la teoría social y el sentido teológico de "liberación".

Dos falsos extremos pueden ayudar a enfocar la cuestión. Aquellos que ven en la teología de la liberación una amenaza, típicamente consideran que los trabajadores teológicos y pastorales infectan la Iglesia con marxismo bajo el disfraz de teología. En el extremo opuesto, algunos —quizás románticamente— ven a los teólogos destilando la sabiduría ya presente en las comunidades de base. Los teólogos serían los informantes de lo que está sucediendo en el medio rural.

Esa formulación sugiere que no considero a ninguna de esas descripciones exactas. Como generalización preliminar, afirmaré que la liberación es a la vez anterior al trabajo pastoral y al resultado del trabajo pastoral. Es tanto teoría *para* la praxis como teoría *de* la praxis.

AUDITORIO

En sociedades muy divididas como las de América Latina hay poco contacto significativo entre las fronteras de clase. Obviamente, el pobre no tiene acceso a las élites superiores. Más aún, es casi igualmente cierto que el pueblo o el barrio es un mundo cerrado a los extraños. Aun los funcionarios y mercaderes del barrio o del pueblo son culturalmente similares a sus vecinos.

A este respecto el personal eclesiástico no es una excepción. Considérese, por ejemplo, una hermana en una ciudad perdida. Realmente ella puede elegir vivir en el área, compartiendo la vida diaria. Puede tener educación universitaria, y por medio de su orden y de otros contactos formar parte de una red mucho más amplia. Su habilidad para convertirse en parte de la comunidad local es considerablemente mayor que la de otros "intelectuales" forasteros, como los trabajadores sociales u organizadores con ligas universitarias. Tras de haber vivido ahí durante un periodo, la gente la considerará parte de la comunidad. Ella aporta su destreza organizativa y su habilidad para articular asuntos.

Más que cualquier otro forastero, el personal eclesiástico —hermanas, sacerdotes, pastores— están en posibilidad de cruzar las fronteras de cultura y de clase. Esto, claro está, es lo que los convierte en peligrosos a los ojos de terratenientes o coroneles.

La mayoría de los teólogos de la liberación vive como estos trabajadores pastorales, a menudo en ciudades perdidas o en otras vecindades pobres. Pasan algo de su tiempo haciendo ellos mismos trabajo pastoral y ofrecen frecuentes talleres o cursos cortos para sacerdotes, hermanas y laicos que hacen trabajo pastoral. Sólo una parte de su tiempo está dedicada a la enseñanza convencional escolar. Cuando escriben, su público principal, creo, está formado por quienes hacen trabajo pastoral.

En su gran mayoría, no escriben directamente para los pobres. Pocos de los pobres comunes, aun si supieran leer, sacarían mucho de las obras de Gustavo Gutiérrez, por ejemplo. Algunos teólogos han escrito también libros devocionales simples. Carlos Mesters, un holandés que ha pasado varios años en Brasil, ha escrito numerosos panfletos explicando la Biblia en lenguaje simple y comprensible, usando referencias a la cultura popular brasileña.

Otros clérigos, y particularmente los obispos, son otro público. Mucho de lo que escriben los teólogos es efectivamente una defensa del modelo liberalizante de trabajo pastoral. De esta manera, los teólogos citan liberalmente documentos oficiales de la Iglesia o muestran cómo lo que se ha hecho hasta ahora está en realidad de acuerdo con la tradición eclesial más auténtica. Otro público está formado por colegas teólogos en Europa, Norteamérica y el resto del Tercer Mundo.

El ensayo de Jon Sobrino "Unidad y conflicto en la Iglesia" puede ilustrar estos puntos. Durante los últimos años setenta el surgimiento de las "organizaciones populares" en El Salvador fue no sólo una amenaza para el gobierno militar existente, sino una fuente de tensión en la Iglesia católica. En gran medida estas organizaciones habían surgido del terreno preparado por el trabajo pastoral. Se volvieron cada vez más militantes y expresaron su crítica de la sociedad en lenguaje marxista. Para los terratenientes y los militares, los sacerdotes eran los "cerebros" que habían incitado a los campesinos. Las cosas llegaron a tal punto que a mediados de 1978 cuatro de los obispos afirmaron que los cristianos no podían pertenecer a estas organizaciones, mientras que el arzobispo Romero y el obispo Rivera y Damas las defendieron (véase el capítulo 8).

Fue la experiencia de esta división lo que empujó a Sobrino a la máquina de escribir, aunque no menciona a El Salvador por su nombre. Su objetivo general es encontrar la base teológica para la unidad de la Iglesia. Sobrino va más allá del enfoque católico convencional, que vería en la jerarquía la solución para todas las cuestiones de unidad. Un principio importante es que la Iglesia existe no para ella misma sino para servir al Reino de Dios. En situaciones de conflicto, la Iglesia debe encontrar su unidad en torno a la ayuda a los pobres. Más aún, debe esperarse algo de tensión entre profecía e institución. Para expresar el punto con más agudeza que Sobrino, aquellos que "dividen" la Iglesia mediante su compromiso con la justicia pueden ayudar a la unidad genuina de la Iglesia más que aquellos que simplemente se ocultan tras las posiciones jerárquicas. Sobrino no resuelve el problema —nuevamente, ni siquiera menciona el país que provocó su reflexión—, pero proporciona una base teológica para tratar la dolorosa experiencia de conflicto dentro de la Iglesia.

Para volver con la cuestión del auditorio, es claro que semejante ensayo sería mucho más útil para los que están en las "líneas frontales" de la Iglesia, los sacerdotes y hermanas acusados de fomentar la división. Sus acusadores podrían ser obispos y hasta usar términos de la Biblia o del Vaticano II. El ensayo de Sobrino los ayudaría a enfrentarse a esas acusaciones.

La gente de los pueblos y los barrios, por otra parte, podrían preocuparse poco por la "unidad de la Iglesia", ya que todo el medio eclesiástico estaría mucho más lejos de su experiencia. Se verían afectados únicamente si, por ejemplo, el obispo decidiera disciplinar o transferir a su pastor.

Los críticos de la teología de la liberación pueden no convencerse con los argumentos de Sobrino, pero al menos los confronta con una crítica de su propia posición que está apoyada en las Escrituras y en la erudición teológica.

Finalmente, los escudriñamientos teológicos de Sobrino pueden ser argumentos útiles en otras partes del mundo en caso de que se enfrentaran con tipos similares de división. Por otra parte, si normalmente consideran la cuestión de la unidad de la Iglesia en términos teológicos y bíblicos estrictos o desde el punto de vista del movimiento ecuménico, las formulaciones de Sobrino pueden sugerir una perspectiva diferente.

Los interlocutores principales de la teología de la liberación son pues aquellos que hacen trabajo pastoral (y sólo a través suyo los mismos pobres); otros grupos en la Iglesia, incluyendo a la jerarquía, y otros teólogos. Sus asuntos y métodos se derivan ampliamente de este grupo de interlocutores.

EXPERIENCIA Y TEORÍA

Un examen de la teoría y la práctica revela claras diferencias culturales entre los medios intelectuales de Norteamérica (y a menudo también entre los de Europa Occidental) y América Latina. En nuestro uso diario la "teoría" a menudo se compara peyorativamente con la "realidad". Tenemos tendencia a tomar como normativo el "método científico" en el que la teoría es el resultado de un proceso empírico y autocorregible de prueba y error.

Entre los intelectuales latinoamericanos, por otra parte, "empírico" es muy a menudo un término peyorativo, que denota la apariencia superficial más que la realidad profunda de las cosas. La teoría es considerada como un instrumento para ir de la apariencia al centro de las cosas. Muchos ensayos de científicos latinoamericanos, por ejemplo, parecen concentrarse ampliamente en construir un "marco teórico". Los datos concretos a menudo parecen tomar un lugar secundario. Lo que los latinoamericanos entienden por "praxis" está muy lejos del "sentido práctico" yanqui.

Gustavo Gutiérrez insiste en que, como reflexión, la teología es "el segundo acto": el primer acto es el compromiso con los pobres. En su sentido original y más básico, el procedimiento no es de la doctrina a la aplicación, o de lo general a lo particular. En el caso que citamos, el punto de partida de Sobrino era un problema que se experimentaba en la vida de la Iglesia. Sólo tras exponer el problema se puso a buscar los criterios teológicos para encararlo. Un enfoque más convencional habría sido una insistencia tenaz en que no podría haber problema o conflicto en la Iglesia en tanto que se obedeciese al obispo.

La noción de la "primacía de la praxis" a veces es presentada en contraste con el acostumbrado hincapié en la ortodoxia en la teología católica tradicional. Usando un juego de palabras, muchos teólogos insisten que la orto-praxis (actuar correctamente) es finalmente más importante que la orto-doxia (doctrina correcta). La finalidad de la teología, entonces, debiera ser ayudar a los cristianos a hacer lo que Dios quiere y no simplemente unirse a fórmulas doctrinales correctas. Una cristología, por ejemplo, señalaría las implicaciones contemporáneas de la forma en que vivió Jesús, más que concentrarse en las diversas herejías que llevaron a la Iglesia a elaborar clasificaciones dogmáticas. Sin embargo, sería superficial concluir que los teólogos de América Latina no se preocupan por la ortodoxia.

A menudo el término "praxis" se refiere al uso que se le da en las obras de Paulo Freire, es decir, como acción con reflexión. La acción sin reflexión puede ser mal dirigida. En el peor de los casos, la reflexión sin acción es una revolución de café. Los campesinos formando una organización o los catequistas reuniéndose pueden pasar horas o días discutiendo. No obstante, esas horas pasadas juntos, con el tiempo llevan a un compromiso muy tenaz. La "acción reflexiva" es muy real a nivel del trabajo pastoral rural.

Al principio de este capítulo sugerí que la teología de la liberación es tanto teoría *para* la praxis (tiene su propia salida hacia la acción rural bajo la forma de criterios, métodos, etc.) como teoría *de* la praxis (es el "segundo acto" y sus dudas y percepción provienen del compromiso con el medio rural).

Mientras que la mayoría de los teólogos latinoamericanos tienden a destacar este aspecto "de escucha", Juan Luis Segundo ha escrito "Dos teologías de la liberación". Señala que las formulaciones iniciales eran obra de los teólogos comprometidos no tanto con los pobres como con grupos universitarios e intelectuales que se daban cuenta de la crisis estructural de América latina. Al llegar a una "sospecha ideológica" de que las formas existentes de cristianismo estaban fuertemente afectadas por las ideologías dominantes, concibieron su labor como la de desenmascarar "los elementos anticristianos ocultos en la llamada sociedad cristiana".

Ve un segundo frente de teología de la liberación que ha surgido subsecuentemente en relación con el trabajo pastoral entre los pobres. Los agentes pastorales y los teólogos pensaron que debían aprender de los pobres. Una señal de este cambio fue una valoración más positiva de la religiosidad popular. Cree, sin embargo, que hay en esto alguna contradicción. Señala que los teólogos que declaran estar aprendiendo del pueblo están también prestos a reorientar su religiosidad, por ejemplo, cambiando el enfoque de la cruz de Jesús únicamente a un sentido de salvación más pleno, más liberador, que incluye la resurrección.

Creo que Segundo está en lo cierto al corregir la idea demasiado ingenua de que los teólogos simplemente están aprendiendo del pueblo. Pueden contribuir con su conocimiento erudito sobre la Biblia y la historia de la Iglesia, y quizás con una visión más sistemática de la forma en que opera la sociedad.

TEOLOGÍA Y TEORÍA SOCIAL

He descrito la teología de la liberación en términos de tres tareas estrechamente relacionadas: reinterpretar la fe cristiana en términos de la triste suerte del podre; criticar la sociedad y sus ideologías a través de la teología, y observar y comentar las prácticas de la Iglesia misma, y de los cristianos. Esa teología hace, necesariamente, un uso consciente de la ciencia social o de la teoría social, cosa que es nueva en la teología católica. Los latinoamericanos consideran la teoría social como la proveedora de utensilios analíticos, algo así como si la filosofía proveyera utensilios para la teología clásica.

Sin embargo, hay muchas teorías sociales. ¿Cómo elegir de entre ellas? Clodovis Boff observa que la cuestión es doble: qué clase de teoría *explica más* (criterios científicos) y qué clase de teoría será *más efectiva* para lograr los fines o para darse cuenta de qué valores considera uno los más importantes (criterios éticos).

El hermano de Clodovis, Leonardo, distingue dos grandes tipos de teoría social: "La funcionalista, que considera a la sociedad en general como un todo orgánico, y la dialéctica, que la considera en una forma especial como un complejo de fuerzas en tensión y conflicto en razón de la divergencia de sus intereses." El término "funcionalista" puede aquí evocar a Talcott Parsons, pero está aplicado a todos los puntos de vista en los que se supone que la sociedad está normalmente en equilibrio y ningún conflicto se resuelve con el sistema social existente. La ciencia social "dialéctica" supone que los conflictos pueden conducir a un cambio sistemático.

Exactamente por esa razón, Boff afirma que la teología de la liberación opta por un tipo de análisis dialéctico: esto es, uno que analiza "los conflictos y los desequilibrios que afectan a los empobrecidos y pide una reformulación del sistema social mismo [...] con el fin de asegurar [...] la justicia para todos sus miembros". Un análisis así "responde mejor a los objetivos de la fe y a la práctica cristiana".

En otras palabras, los teólogos latinoamericanos optan por lo que podría llamarse en Estados Unidos una ciencia social radical. Como muchos científicos sociales latinoamericanos, consideran la principal ciencia social más descriptiva que aclaratoria. Su preocupación principal es entender las estructuras sociales en las que viven con el fin de cambiarlas. No están interesados en afinar las actividades de la sociedad existente.

La ciencia social latinoamericana fue reconocida por su crítica de los modelos existentes de desarrollo y de las teorías de desarrollo —llamadas con el término general de "teoría de la dependencia". Las teorías más tempranas sobre el desarrollo hacían hincapié en temas como el crecimiento, la modernización, el nacionalismo, las instituciones democráticas, la planeación, la infraestructura y la creación de instituciones. Aun en los años cincuenta, los economistas que trabajaban en la Comisión Económica de las Naciones Unidas para América Latina empezaron a dudar de la aseveración que decía que las naciones "atrasadas" lograrían el desarrollo siguiendo el camino ya trazado por las naciones "adelantadas". Señalaron una historia de dominación y colonialismo por parte de esos países que fueron los primeros en industrializarse: Gran Bretaña, seguida por Estados Unidos y otros países europeos. Estos países del "centro" habían establecido una división internacional del trabajo en la cual el papel de la "periferia" (el Tercer Mundo) era producir productos agrícolas y minerales. Estas economías estaban deformadas por una exagerada concentración en las exportaciones y no podían desarrollarse autónomamente de acuerdo con sus propias necesidades. Los precios de esos productos de exportación fluctuaban desordenadamente. Más aún, a la larga los términos en que se negociaba parecían deteriorarse continuamente. Así, por ejemplo, un camión importado costaba cada vez más sacos de café.

Económicamente hablando, los países de la periferia han existido para el centro. Los indios de Bolivia murieron en las minas por el deseo de oro de la corona española. Durante la cúspide del auge cauchero brasileño, los terratenientes en Manaus, en el corazón de la cuenca del Amazonas, pudieron hasta construir un teatro de ópera y contratar compañías italianas completas para ir mil millas río arriba. Cuando los árboles de caucho se cultivaron más barato en Malaya, el auge cesó abruptamente y el teatro de ópera fue abandonado. En forma similar, la industrialización de América Latina desde la segunda guerra mundial ha servido a las necesidades de corporaciones transnacionales que buscan mano de obra barata y modos de producir bienes de consumo para la élite, no necesariamente para atender a las necesidades de las mayorías pobres de América Latina.

Los países del Tercer Mundo no pueden desarrollarse autónomamente de acuerdo con sus necesidades; son dependientes de decisiones que se toman en cualquier parte. Sus élites son élites dependientes; esencialmente son aliados locales o intermediarios para los países dominantes del centro.

La dependencia es obvia tanto en política como en cultura. El centro dicta los parámetros de lo que es tolerable y reacciona cuando los límites se transgreden (las acciones de Estados Unidos contra el gobierno de Allende en Chile, por ejemplo). La dependencia cultural se manifiesta en la forma en que las élites y las clases medias imitan las modas, los caprichos y las ideas de los países ricos.

La "teoría de la dependencia" se refiere no a una sola teoría sino a todo un cuerpo de teoría. La dependencia es un nuevo paradigma, una nueva forma de plantear el problema del desarrollo. Raúl Prebisch, uno de los economistas de las Naciones Unidas que propuso la fórmula centro-periferia, dio esta definición de dependencia al final de su carrera:

> Por dependencia quiero decir las relaciones entre los centros y la periferia dondequiera que un país está sujeto a las decisiones tomadas en los centros, no sólo en materia económica, sino también en asuntos de política y de estrategia para las políticas nacional y extranjera. La consecuencia es que, debido a la presión exterior, el país no puede decidir autónomamente qué debe hacer o dejar de hacer.

Prebisch y otros más creían que la dependencia no era inherente al capitalismo. Una burguesía verdaderamente nacional, ayudada por el tipo correcto de políticas, como la protección de las industrias nacientes, podría ser el agente de un desarrollo genuinamente autónomo. El hecho de que desde los años treinta hasta los cincuenta, cuando Europa y Estados Unidos se encontraban ocupados con la Gran Depresión y la segunda guerra mundial, tanto Argentina como Brasil empezaron su industrialización independiente y dirigida hacia dentro, parece ilustrar esta posibilidad. Esto es, los países latinoamericanos podrían librarse de la dominación del "centro" y dedicarse a su propio desarrollo capitalista independiente. La teoría de la dependencia proporcionaría las bases para un programa de gobierno reformista. Dentro y fuera de ella misma, la teoría de la dependencia no es necesariamente marxista.

Muchos autores, sin embargo, siguieron criticando al capitalismo como tal. Creían que el capitalismo ha modelado a América Latina durante siglos. Incluso durante el periodo colonial, fue el naciente capitalismo mercantil europeo el que agotó la riqueza minera latinoamericana. Las economías latinoamericanas pueden haber poseído rasgos feudales, pero estaban integradas en un sistema económico mundial que ya era capitalista. Estos críticos más radicales ven a la burguesía nacional tan ligada al capital internacional que es incapaz de liberarse y buscar un desarrollo autónomo. El reformismo es insuficiente; la clase de cambios necesaria puede llegar únicamente a través de la revolución.

La "teoría de la dependencia" ha ido más allá de América Latina, y realmente hay muchas formulaciones de lo que podría llamarse una crítica estructural del orden económico mundial actual. Una escuela es la de la "teoría del sistema mundial" asociada a Immanuel Wallerstein. Por su parte los teóricos marxistas han reaccionado contra los enfoques centrados en las relaciones de comercio y han enfocado su atención a los modos de producción. Aunque sin negar la percepción inicial de la teoría de la dependencia —que el subdesarrollo es estructural— han buscado entenderla en forma más detallada concentrándose en la forma en que han sido organizados la mano de obra y los medios de producción.

Sean cuales fueren sus diferencias, estos enfoques coinciden en su crítica de los presentes modelos de desarrollo y en las teorías que los apoyan. La misma noción de "desarrollo" es equívoca en la medida en que considera el cambio esencialmente como un despliegue: un proceso de incremento gradual. Cuando las economías de América Latina están efectivamente controladas por élites oligárquico-militares y la economía mundial está dominada por los países ricos occidentales, el "desarrollo" no puede conducir a una vida decente para la mayoría pobre.

La "liberación" impone un rompimiento con el presente orden en el que los países latinoamericanos pudieran establecer una autonomía suficiente para rehacer sus economías con objeto de satisfacer las necesidades de la mayoría pobre. El término "liberación" se entiende por contraste con "desarrollo".

Aunque aceptarían que semejante cambio sistemático implica una forma de socialismo, los teólogos de la liberación no explican en detalle lo que quieren decir. Sólo en uno de sus tres libros llega a mencionar Gutiérrez la noción de socialismo explícitamente, y ello únicamente en unos cuantos pasajes cortos. En un ensayo de 1974, "Capitalismo vs. Socialismo: enigma teológico", Juan Luis Segundo afirma:

Por "socialismo" no quiero decir un proyecto social completo y a largo plazo: esto es, uno que esté dotado con una ideología o filosofía particular. Simplemente quiero decir un régimen político en el que la propiedad de los medios de producción es retirada de los individuos y entregada a instituciones mayores cuyo objetivo principal es el bien común. Por "capitalismo" quiero decir un régimen político en el que la propiedad de los bienes de producción se deja abierta a la competencia económica.

Algunos preguntarían aquí: ¿Por qué no explicar el modelo socialista más ampliamente? O ¿por qué no hablar sobre la posibilidad de un capitalismo moderado y renovado? Por una razón muy simple, respondería yo. No somos adivinos, ni somos capaces de controlar el mundo del futuro. La única opción real y posible abierta a nosotros está en nuestras naciones. En este momento lo único que podemos hacer es decidir si vamos a dar o no a los individuos o a los grupos privados el derecho de poseer los medios de producción que existen en nuestros países. Y a esa decisión es a la que llamo la opción entre capitalismo y socialismo.

Nótese que Segundo no invoca los mitos de largo alcance del marxismo, como la llegada de la sociedad sin clases. (La preocupación central de Segundo en este ensayo no es definir su idea de socialismo, sino discutir sobre qué bases pueden comprometerse políticamente ellos mismos.)

Es obvio que Segundo y otros teólogos de la liberación no sienten la obligación de explicar detalladamente qué tipo de sociedad imaginan. Quizás piensan que no es una función propia de teólogos el proporcionar un proyecto o plan. Creo que ven tal socialismo conteniendo tres características: *1*] se cubrirán las necesidades básicas de la gente, *2*] la misma gente común será agente activo en la construcción de una nueva sociedad y *3*] lo que se cree no será copia del socialismo existente, sino una genuina creación latinoamericana. En una sociedad socialista terminará la explotación. Nadie vivirá con lujo monopolizando tierras y otras fábricas productivas, mientras otros, incluso los trabajadores cuya labor produce la riqueza, viven en la miseria. La economía será restructurada de modo que las principales prioridades serán la creación de trabajo y la producción de alimentos básicos y artículos de consumo. La producción de exportación servirá para generar nuevas inversiones y no el consumo suntuario.

Un estribillo de los documentos de Medellín es que los individuos deben ser "sujetos de su propio desarrollo". Una sociedad socialista debe ser una sociedad de participación. Las instituciones de esa participación deben empezar a nivel de pueblo. La participación debe ser mucho más democrática que las presentes instituciones de democracia formal, que en América Latina sirven para enmascarar la auténtica carencia de poder de la gente común.

Los latinoamericanos subrayan que el socialismo que imaginan deberá serle propio a cada nación y no puede copiarse de otros modelos. Están convencidos de que cada revolución puede aprender de la experiencia acumulada del pasado, incluyendo los errores, y no necesita seguir el mismo guión. Normalmente, no escriben extensas críticas del "socialismo existente en la actualidad" (la URSS y Europa oriental), aunque con frecuencia se refieren a él con expresiones como "socialismo burocratizado".

En mi opinión, la experiencia de la revolución sandinista desde 1979 ha inyectado un mayor realismo a la discusión sobre lo que puede significar "liberación" para los países latinoamericanos. Nicaragua ha permanecido dentro del sistema económico occidental, e internamente mantiene una economía de mercado, el 60% de la cual se encuentra en manos privadas. Michael Conroy, economista de la Universidad de Texas, afirma que el gobierno de Nicaragua ha seguido la estrategia económica exigida por escritores de la escuela "estructuralista" de economistas latinoamericanos, como Prebisch, más que las fórmulas de marxistas radicales. Mediante su "hegemonía", el gobierno sandinista intenta imponer lo que llama la "lógica de la mayoría" en una economía que continúa operando principalmente a través de los mecanismos de mercado.

LIBERACIÓN "INTEGRAL"

En su mayoría, los teólogos latinoamericanos no han contribuido a la teoría social, sino que simplemente han aceptado el semiconsenso de los teóricos sociales de América Latina de que es necesario un cambio estructural básico: la liberación. Es su propia tarea como teólogos desarrollar las implicaciones teológicas y pastorales de esta posición.

Como explicación a esta cuestión, imagínese nuevamente a la comunidad de Palo Seco discutiendo el significado de la frase bíblica "el Reino de Dios". Coinciden en que es la voluntad de Dios el que la gente viva junta en armonía y solidaridad, ayudándose unos a otros. Es eso lo que ellos están intentando modestamente en su comunidad, y conocen esfuerzos semejantes en muchas partes. Creen que están experimentando el Reino de Dios entre ellos. Al mismo tiempo, se dan cuenta de que las estructuras ponen a la gente frente a frente, unos contra otros. Si el Reino de Dios ha de hacerse presente en la sociedad en general, deben unirse a los demás en una escala más amplia.

La posición hace surgir preguntas fundamentales. ¿No es el papel adecuado de la Iglesia el "religioso"? ¿Qué relación hay entre sus propios esfuerzos y el Reino de Dios? ¿No es peligroso confundir lo humano con lo divino, o lo material con lo espiritual?

El catolicismo tradicional presentaba la vida humana como una fase transitoria en el camino al "cielo"; la vida terrenal era esencialmente una especie de juicio. El Vaticano II invirtió eso haciendo hincapié en la continuidad entre el "progreso temporal" y la "trascendencia" final.

El papa Paulo VI proporcionó un enfático ejemplo de esta continuidad en su encíclica *Populorum Progressio.* Criticando los enfoques tecnocráticos del desarrollo defendió más bien un "desarrollo integral", que definió como "la transición de condiciones menos humanas a otras más humanas". Catalogó estas condiciones en una especie de orden ascendente de desarrollo humano. De las condiciones de pobreza y de explotación menos humanas, a través de condiciones humanizantes, incluyendo no sólo el vencer a la pobreza sino crecer en el conocimiento y la cultura, la cooperación con otros y el deseo por la paz, todo hacia el conocimiento de Dios y a la unión con Dios en la fe y el amor, el Papa vio la continuidad —aparentemente una continuidad sin interrupción— muy en contraste con la visión tradicional que opone lo terrenal a lo celestial y lo temporal a lo eterno. En una visión así del desarrollo (tal como se usa aquí el término no es antitético de "liberación") lo humano es el camino a lo divino. Los obispos latinoamericanos incorporaron este párrafo en los documentos de Medellín, antecediéndolo con una referencia explícita al Éxodo. Luchar por un desarrollo humano pleno actualmente es una forma de Éxodo.

Cuando Gutiérrez habla de "desarrollo integral", hace algo similar. Considera que el término "liberación" contiene "tres niveles de significado que se interpenetran recíprocamente". Significa primero las aspiraciones del pobre, y en este sentido es equivalente a la crítica que hacen los teóricos sociales de la noción de "desarrollo". En un segundo nivel, "liberación" se refiere a la expansión gradual de la libertad, entendida como la habilidad de los seres humanos para hacerse cargo de su propio destino. En otro nivel la "liberación" se refiere a la libertad de Cristo. "La plenitud de la liberación —un don gratuito de Cristo— es la comunión con Dios y con otros seres humanos."

Gutiérrez no ve esto como "tres procesos paralelos o cronológicamente sucesivos" sino como "tres niveles de significado de un único proceso complejo que halla su más profundo sentido y su plena realización en la labor de salvación de Cristo". Aun las acciones pequeñas o modestas por la liberación, como los esfuerzos de un pueblo para organizarse, forman parte de un movimiento más amplio: esencialmente el éxodo de la humanidad hacia Dios.

Este tema de la "liberación integral" es recurrente en la teología de la liberación, en realidad mucho más que los asuntos de marxismo o violencia, por ejemplo. Tan etérea como pueda considerarse, esta cuestión tiene implicaciones prácticas. La más importante es quizás que uno no puede simplemente circunscribir una esfera "religiosa" autónoma en la que la Iglesia debería confinar sus esfuerzos. Más bien la Iglesia y los cristianos deben comprometerse en la historia humana —la única historia humana— en donde la gente labra su destino.

6. CAUTIVIDAD Y ESPERANZA

CAMBIANDO CONTEXTOS DE LA TEOLOGÍA DE LA LIBERACIÓN

Cuando aparecieron los primeros bosquejos de la teología de la liberación a finales de los años sesenta y principios de los setenta parecían posibles varios caminos para un cambio estructural básico en la sociedad. Operaban movimientos de guerrilla en varios países, aunque el fracaso y la muerte del Che Guevara en Bolivia en 1967 parecía ser un presagio. En 1970 la victoria de Salvador Allende en las elecciones y la coalición de Unidad Popular francamente socialista mantenían la esperanza de que un electorado suficientemente organizado podía prevalecer y lograr un cambio profundo de manera gradual y no violenta. Coaliciones semejantes se organizaban para las elecciones en Venezuela y Uruguay. En Argentina algunos creían que la izquierda trabajaría dentro del peronismo, ya que las masas eran peronistas. Mediante el trabajo educativo y organizativo dentro del movimiento los trabajadores podían hacer que el peronismo apoyara sus verdaderos intereses y se convirtiera en una fuerza que sería a la vez radical y poderosa. Finalmente, los programas del gobierno militar peruano que había tomado el poder mediante un golpe en 1968 y se llamaba a sí mismo revolucionario sostenía la posibilidad de alianzas con oficiales militares más jóvenes y progresistas.

"El proceso revolucionario en América Latina está en marcha a toda velocidad", proclamaban los delegados a la conferencia Cristianos por el Socialismo en Santiago, en 1972, arrebatados por la entusiasta atmósfera chilena. Hubieran sido más exactos si hubiesen hablado de un proceso contrarrevolucionario. Golpes militares dieron paso a gobiernos represivos en Brasil (1964), Bolivia (1971), Uruguay (1973), Chile (1973) y Argentina (1976). Aún más, los gobiernos militares existentes viraron hacia la derecha en Perú (1975) y Ecuador (1976). El gobierno represivo militar continuaba en Paraguay y en la mayor parte de Centroamérica. Únicamente en México, Colombia, Venezuela y Costa Rica permanecían los mecanismos de democracia formal, y aun estos gobiernos fueron capaces de utilizar una dura represión.

Aunque variaban en detalles de país a país, las nuevas dictaduras militares tenían algunos rasgos en común. No eran dictaduras personales a la vieja usanza, sino que representaban el gobierno por las fuerzas armadas como institución. Eran una respuesta a la cada vez mayor militancia rural de los años sesenta, a la que los militares consideraban un "caos". Intentaron legitimarse proclamando que sólo en regímenes semejantes podía desarrollarse adecuadamente la economía, y señalaron como prueba las altas tasas de crecimiento del "milagro brasileño" de principios de los años setenta.

Aunque algunos vieron en los nuevos gobiernos militares únicamente la respuesta lógica de Estados Unidos y de las oligarquías locales a los crecientes movimientos populares, y como fenómenos transitorios, otros creyeron que constituían un nuevo modelo de sociedad, un "estado de seguridad nacional" con su propia ideología coherente. Aplastando a los sindicatos, controlando la prensa, aboliendo o neutralizando a los congresos, y exaltando al ejército, parecían merecer la etiqueta de "fascismo dependiente".

Durante varios años —precisamente desde el momento del golpe en Chile hasta el final de la década— los gobiernos militares parecieron destinados a detentar el poder indefinidamente. Su violación de los derechos humanos más elementales planteó un reto directo a las iglesias.

REACCIÓN VIOLENTA DE LA JERARQUÍA

En el entretanto ocurría algo como un golpe dentro de la jerarquía católica latinoamericana. Después de la conferencia de Medellín las nuevas ideas pastorales y teológicas se extendieron rápidamente por todo el continente. Cada año cientos de sacerdotes y hermanas asistían a los cursos de entrenamiento del Celam. La actitud general de cuestionamiento posterior al concilio condujo a veces a confrontaciones públicas entre grupos de sacerdotes y los obispos. Era inevitable la reacción de la jerarquía.

Los obispos, sin embargo, no podían simplemente invertir su posición, ya que los documentos de Medellín eran enseñanza oficial de la Iglesia. Los que se sentían incómodos con lo que estaba sucediendo necesitaban un marco alterno de análisis social y de teología. Esa necesidad empezó a cubrirse en 1971, cuando el jesuita belga Roger Vekemans llegó a Bogotá. Durante los muchos años que pasó en Chile, Vekemans había sido una figura clave en la fase desarrollista y estaba estrechamente ligado a los demócrata-cristianos. Ciertamente, se jactaba de haber canalizado 5 millones de dólares de la CIA hacia ellos durante la campaña de elecciones de 1964. En Bogotá, Vekemans fundó un centro de investigación y en colaboración con el joven, astuto y ambicioso obispo Alfonso López Trujillo, empezó a publicar un diario, *Tierra Nueva,* cuyo claro propósito era no sólo atacar a la teología de la liberación, sino proponer un tipo alterno de análisis social y de teología.

Al mismo tiempo, López Trujillo y otros iniciaron un esfuerzo cuidadosamente planeado para capturar la maquinaria del Celam. López cultivaba contactos en el Vaticano y con obispos latinoamericanos. En noviembre de 1972, esos esfuerzos fueron coronados con el éxito cuando López Trujillo fue elegido secretario general del Celam. No perdió tiempo para limpiar la casa, concentrando diversos institutos de entrenamiento del Celam en uno, que fue situado en Colombia, donde podía vigilarlo. Las agencias del Celam que trataban con misiones, medios de comunicación, liturgia, catequesis, etc., se convirtieron en una plataforma para el ataque a la teología de la liberación.

No obstante, hubo movimientos contrarios hasta en el Vaticano. La encíclica *Octogesima Adveniens* del papa Paulo VI en 1971 mostró el impacto de la teología de la liberación. Advirtiendo el creciente interés por el socialismo entre los católicos, el Papa se abstuvo de lanzar condenas y simplemente urgió cautela y discernimiento. El mismo año un sínodo mundial de obispos que tuvo lugar en Roma reconoció que los esfuerzos por la justicia son una "dimensión constitutiva" en la enseñanza del Evangelio. Esa acción, a la que explícitamente llamaron "liberación", era entonces central —no periférica— en el objetivo de la Iglesia. Un sínodo sobre evangelización que tuvo lugar en 1984 reiteró el punto.

Así, en el mismo instante en que la teología de la liberación provocaba controversia en el catolicismo, algunos de sus principios centrales se convertían en posturas oficiales de la Iglesia.

AFERRÁNDOSE A LA ESPERANZA EN UNA HORA DE TINIEBLAS

Aunque los gobiernos represivos marcaron el tono durante los años setenta, los acontecimientos no se desarrollaron de manera estrictamente paralela y las condiciones variaron de un país a otro. Por ejemplo, de 1968 a 1975, precisamente el periodo más represivo del gobierno militar en Brasil, los militares de Perú parecían intentar un nuevo camino nacionalista hacia el desarrollo. En la mayoría de los países, sin embargo, la violación de los derechos humanos forzó a la Iglesia católica a encarar las consecuencias de algunos de los compromisos adquiridos en Medellín.

El desarrollo más importante dentro de la Iglesia durante este periodo fue el crecimiento tranquilo y estable de las comunidades de base. Ellas proporcionaron un espacio en donde el pueblo podía reunirse en una atmósfera de respeto y reafirmar su fe y su esperanza. Donde los medios de comunicación estaban censurados y eran intimidados, y donde gobiernos y ejército imponían su ideología de seguridad nacional, las comunidades de base proporcionaron un pequeño espacio en el que podía decirse la verdad, aunque fuese cautelosamente. En una situación que no parecía ofrecer razones para creer que las cosas podían ser diferentes, su mensaje era que las cosas tenían que cambiar. Se convirtieron en un espacio en donde los pobres podían "decir sus cosas" y en donde oían que Dios estaba de su parte, como en la época de los israelitas y en la era de los apóstoles.

Ese trabajo callado podía sin embargo provocar una respuesta violenta. Normalmente, los representantes de la Iglesia eran atacados porque defendían a los pobres que habían sido víctimas de abusos. En Brasil la represión había sido fuerte desde 1968, especialmente en el noreste asolado por la pobreza. Cuando un joven sacerdote colaborador del arzobispo Helder Cámara de Recife fue asesinado en 1969, no se siguió ninguna investigación seria. Otros sacerdotes en las áreas rurales fueron arrestados, encarcelados, torturados o expulsados. Durante años se prohibió a los diarios mencionar al arzobispo Helder Cámara. No se permitía publicar los documentos de los obispos. Sin embargo hacia 1973 la Iglesia, y en particular los obispos, surgían como abiertos oponentes públicos no sólo a la violación de los derechos humanos, sino contra las consecuencias humanas del enfoque brasileño del desarrollo.

En Chile la brutalidad del golpe de Pinochet (1973) provocó

una respuesta de amplio alcance. Las parroquias instalaron cocinas y proyectos de ayuda para la multitud que vio declinar sus ingresos drásticamente al invertir Pinochet la dirección económica de los años de Allende. Un funcionario de una agencia arquidiocesana supervisó esta labor y denunció las violaciones de los derechos humanos.

En Bolivia, Uruguay y Paraguay, la participación de la Iglesia en las actividades pro derechos humanos condujo a un serio conflicto con los gobiernos. Algunos incidentes fueron de alcance nacional, mientras que otros siguieron siendo locales. En toda Latinoamérica, entre 1964 y 1978, 41 sacerdotes fueron asesinados (6 como guerrilleros) y 11 "desaparecieron". Además, unos 485 fueron arrestados, 46 torturados y 253 expulsados de sus países. En Argentina en 1976 el obispo Enrique Angelelli fue muerto en un accidente automovilístico que posteriormente se descubrió que había sido asesinato.

Lo sistemáticos y deliberados que fueron estos ataques puede esclarecerse en un documento subrepticio de 1975 del gobierno de Bolivia bajo el general Hugo Banzer. El "Plan Banzer" proponía procedimientos para desacreditar a líderes progresistas de la Iglesia y dividirla. El arzobispo Jorge Manrique, de La Paz, fue uno de sus objetivos. Las tácticas que se sugerían incluían dejar documentos subversivos en locales eclesiásticos, así como censurar o clausurar periódicos religiosos y estaciones de radio. Este plan fue adoptado después por unos diez gobiernos latinoamericanos que mandaron delegaciones a la reunión de la Confederación Anticomunista Latinoamericana de 1977.

PROFUNDIZACIÓN TEOLÓGICA

Durante los años setenta los teólogos buscaron desarrollar las implicaciones de lo que se había bosquejado en los primeros ensayos y libros sobre la teología de la liberación. Ya que esto no era simplemente un asunto teológico sino una nueva forma de teología, era lógico que la metodología misma se convirtiese en un tópico de reflexión. Dos cuestiones recurrentes fueron cómo usar las ciencias sociales en teología y cómo las preocupaciones y la metodología latinoamericanas eran diferentes de la teología europea existente. En 1978 Clodovis Boff publicó *Teologia e prática* (Teología y práctica), en donde busca aclarar el estado epistemológico de la nueva teología latinoamericana.

Los eruditos latinoamericanos empezaron a trabajar en redescubrir la historia de su Iglesia. Enrique Dussel encabezó el asunto con su esbozo de historia, y se convirtió en coordinador general de un ambicioso proyecto de una historia de la Iglesia en Latinoamérica en trece volúmenes. Dussel escribió también varios volúmenes de una filosofía de la liberación.

Hugo Assmann había señalado antes la necesidad de una cristología latinoamericana. *Jesucristo liberador* de Leonardo Boff, *Cristología en la encrucijada* de Jon Sobrino y *La práctica de Jesús* de Hugo Echegaray empezaron a subsanar esta necesidad. En los tres, la dimensión latinoamericana puede encontrarse en la preocupación por ver las implicaciones liberadoras de la vida humana de Jesús, sus palabras y sus obras, situadas en las conflictivas circunstancias del tiempo más que enfocadas simplemente a cuestiones clásicas, por ejemplo cómo puede Jesús ser a la vez divino y humano. A principios de los años ochenta, Juan Luis Segundo empezó a publicar un estudio de Jesús en varios volúmenes.

Los teólogos creían que una de sus tareas era criticar las ideologías usadas para justificar la sociedad tal como es. Ya en 1968 el obispo Cándido Padín, de Brasil, había escrito un ensayo criticando la "doctrina de seguridad nacional" de los militares brasileños, y en 1971 Hugo Assmann había hecho un examen de cómo utilizaban los militares los símbolos cristianos para justificarse. Joseph Comblin, un teólogo belga que había trabajado en Brasil y en Chile desde 1958, preparó una crítica teológica sistemática de la ideología de la seguridad nacional, examinando las obras de teóricos como el general brasileño Golbery do Couto e Silva.

Una crítica ideológica de tipo más radical fue desarrollada por Hugo Assmann, Franz Hinkelammert y otros en un pequeño centro de investigación en Costa Rica. En su obra principal, *Las armas ideológicas de la muerte,* Hinkelammert usó el análisis marxista del fetichismo con el fin de desenmascarar el "espíritu" oculto del capitalismo. Estudió a los teóricos sociales desde Max Weber hasta Milton Friedman, exponentes de la "doctrina social" católica, y hasta los escritos de la Comisión Trilateral. Aunque relativamente pocos pueden perseverar a través de todo el argumento de Hinkelammert, algunas de las tesis centrales de esta escuela pronto se popularizaron. Se volvió lugar común referirse a la teología de la liberación como una teología de la vida exponiendo la "teología de la muerte" encarnada en el capitalismo.

PUEBLA

Planeada originalmente para que coincidiera con el décimo aniversario de la reunión de Medellín, la conferencia de Puebla pareció proporcionar al obispo López Trujillo y a sus aliados, incluyendo a varios funcionarios del Vaticano, la ocasión ideal para ilegitimar la teología de la liberación y el tipo de trabajo pastoral asociado a ella. Parte de su estrategia era proponer un vocabulario y un grupo de símbolos alternativos, que tenían una interpretación diferente. Un documento preparatorio que envió el personal del Celam a los obispos en 1977 describía a América Latina en transición del subdesarrollo al desarrollo —esto es, la crisis era de transición más que una lucha por la liberación de la opresión. Las conferencias de obispos rechazaron abiertamente el documento, principalmente por ser muy abstracto y por su insensibilidad por los problemas pastorales. Anexo al segundo bosquejo de trabajo aparecía un extenso apéndice que reseñaba cerca de una docena de errores de la teología de la liberación, aparentemente fijados para su condena. El Vaticano y López Trujillo escogieron muchos delegados conservadores (principalmente sin voto); ningún teólogo de la liberación fue invitado.

La muerte del papa Paulo VI y el papado de cinco semanas de Juan Pablo I tuvieron el efecto de aplazar la conferencia hasta principios de 1979. Durante los días anteriores a la conferencia, el papa Juan Pablo II hizo una gira por México, regalando sombreros y dando una primera muestra de su estilo populista. Los periodistas que lo seguían creyeron escuchar condenas a la teología de la liberación.

El encuentro de Puebla puede verse como una lucha entre tres ideas establecidas entre los obispos. En un lado estaban los conservadores, quienes subrayaban la autoridad jerárquica y la ortodoxia doctrinaria y combatían conscientemente la teología de la liberación por lo que veían en ella de marxismo. En el otro extremo estaba un grupo que podría llamarse de liberacionistas, cuya fuerza estaba en las comunidades de base y quienes insistían en que la Iglesia debía adoptar un estilo de vida en concordancia con su función de servicio. Denunciaron no sólo abusos sino las estructuras que los causaban, y a veces los sistemas capitalistas como tales. Ambos grupos representaban las tendencias de las minorías. Al grupo más amplio se le puede llamar centrista, y su principal preocupación era la unidad de la Iglesia. Con los conservadores, este grupo compartía la preocupación por la autoridad eclesiástica, y con los liberacionistas una convicción sobre la necesidad de defender los derechos humanos, al menos en circunstancias extremas. Estas figuras centristas desempeñaron un papel principal dirigiendo la conferencia misma, mientras que los conservadores y los liberacionistas hacían presión, cambiando palabras, añadiendo algunos pasajes y objetando otros.

El enorme documento final que produjo fue poco convincente. Los liberacionistas se felicitaban porque no hubo condenas. El documento hasta empleó ocasionalmente un lenguaje fuerte para denunciar injusticias existentes. El tono general se mantuvo desarrollista. Por ejemplo, los obispos pidieron con frecuencia una mayor "participación y comunión" en la Iglesia y en la sociedad. Estas palabras formaban parte claramente de un nuevo tipo de discurso de la Iglesia dirigido a remplazar la terminología de la liberación. Cada una de las tres tendencias podía encontrar elementos positivos. Lo que Puebla llamó la "preferencia por los pobres" fue probablemente el elemento más positivo para el lado liberacionista. Una omisión evidente fue toda mención directa de la gente asesinada por fidelidad a su convicción cristiana. Los conservadores podían también encontrar muchas frases citables y temas completos, especialmente las frecuentes condenas al marxismo y a la violencia, y la afirmación de la autoridad jerárquica. Los centristas podían señalar la insistencia en el papel propiamente "religioso" de la Iglesia.

Ya que en el documento de Puebla coexistían tres tipos de análisis y de teología, estaba claro que las tensiones continuarían dentro de la Iglesia.

REVOLUCIÓN, "DEMOCRATIZACIÓN", PROFUNDIZACIÓN DE LA CRISIS

Mientras se desarrollaba la reunión de Puebla, el contexto latinoamericano estaba a punto de cambiar de nuevo. Medio año antes un gran movimiento rural dirigido por el Frente Sandinista de Liberación Nacional (FSLN) derrocó la dictadura de Somoza en Nicaragua y el primer gobierno revolucionario en América Latina en veinte años, tomó el poder. Movimientos revolucionarios similares estaban iniciándose en El Salvador y en Guatemala.

Visto en retrospectiva, las razones para la revolución en Centroamérica son claras. El modelo existente de desarrollo exacerbaba las ya difíciles condiciones de vida del pueblo. Los gobiernos respondían con una represión cada vez mayor, hasta el punto de que mucha gente sintió que tenía poco que perder al apoyar insurrecciones. Lo pequeño de estos países significó que las insurrecciones podían convertirse en movimientos de alcance nacional.

Habiendo descuidado a Centroamérica durante los años setenta, a finales de la década Estados Unidos dirigió toda su energía a detener la revolución apoyando al régimen salvadoreño y creando un ejército contrarrevolucionario para atacar a Nicaragua.

Una de las fuentes de la nueva militancia durante los años setenta fue el trabajo pastoral de la Iglesia en las comunidades de base. A nivel de pueblo, estas comunidades eran a menudo un fructuoso punto de partida para las nuevas organizaciones populares. Los dirigentes de la Iglesia desempeñaron un importante papel defendiendo los derechos humanos, especialmente el arzobispo Óscar Romero, de El Salvador, quien llegó a ser conocido como "la voz de los sin voz".

Hablando teológicamente, la situación más novedosa era la de Nicaragua. En contraste con la experiencia cubana, los cristianos habían desempeñado un papel importante en la lucha antidictatorial. ¿Cuál debería ser su papel en un proceso revolucionario?

Alguna gente de la Iglesia pronto se convenció de que, dijeran lo que dijesen, los sandinistas eran marxistas y el único papel de la Iglesia era la resistencia. Sin embargo hubo otros que creyeron que la revolución ofrecía la posibilidad de una vida más humana para la mayoría pobre de nicaragüenses y que los cristianos debían por lo tanto de apoyarla, aunque no sin crítica.

Contrariamente a los temores de los teóricos de café, la revolución no se extendió por Centroamérica hacia otros países —no por la política enérgica de Estados Unidos, sino porque los países más grandes son más diversificados y complejos. Las condiciones revolucionarias no se desarrollaron. Hacia mediados de los años ochenta las dictaduras militares daban paso a gobiernos de civiles por elección.

En Brasil, desde 1975 el ejército orquestó lentamente primero una disminución de tensiones y después la lenta apertura del proceso político. La prensa y los partidos políticos se volvieron activos, y muchos exiliados regresaron. Sólo en 1985 un gobierno civil electo, encabezado por el presidente José Sarney, llegó al poder. Humillado en su calamitosa guerra con Inglaterra por las islas Malvinas/Falkland, el ejército argentino fue obligado a retirarse de la política. Uruguay, Perú, Bolivia, Ecuador y Honduras volvieron también al gobierno civil. Como parte de su estrategia regional, Estados Unidos instó a los militares de El Salvador a permitir las elecciones, y por razones propias los militares guatemaltecos volvieron al gobierno civil por medio de una elección a finales de 1985.

¿Hasta dónde era todo esto genuina democracia? Ciertamente, los partidos políticos, los congresos, la prensa y las organizaciones que representaban grupos de interés tuvieron una vez más un papel que desempeñar en la vida política. Aunque esto puede representar una mejoría sobre el arbitrario y a menudo brutal control militar, fue ampliamente labor de los sectores urbanos y de clase media que podían volver al juego político. Los verdaderos intereses del campesinado rural y de los pobres en las ciudades perdidas no fueron tomados en cuenta en este retorno a una forma limitada de democracia. Más aún, la violencia y la represión eran todavía realidades de la vida. Los nuevos gobiernos civiles eran impotentes para capturar y ajusticiar a los responsables de crímenes durante la dictadura militar, excepto en forma simbólica en Uruguay y en Argentina, donde los militares habían sido totalmente desacreditados por perder una guerra. Los terratenientes de Brasil podían hacer aún que campesinos e indios —y hasta sacerdotes— fueran asesinados impunemente.

Mucho más importante que el cambio hacia un gobierno civil fue la profundización de la crisis económica manifiesta especialmente en la enorme deuda externa. Durante los años setenta los gobiernos latinoamericanos habían pedido prestados muchos miles de millones de dólares, principalmente de bancos comerciales, más que de instituciones internacionales de préstamo, a menudo para financiar ambiciosos proyectos de infraestructura. La recesión mundial a fines de la década significó una baja en la demanda de sus exportaciones. Al mismo tiempo, las decisiones políticas en Estados Unidos elevaron las tasas de interés. En 1982 el hecho de que México, rico en petróleo, no pudiera pagar su deuda en la fecha prevista hizo surgir el espectro del incumplimiento, lo que podría hasta causar la quiebra de los principales bancos de Estados Unidos. En ese caso, México pudo volver a programar sus pagos, como lo hicieron Argentina y Brasil en los dos años siguientes, pero la deuda era evidentemente un problema de amplias proporciones. Hacia mediados de los años ochenta los países latinoamericanos tenían que destinar aproximadamente el 40% del producto de sus exportaciones para el servicio de la deuda.

El descontento con los efectos económicos del gobierno militar —que afectaban hasta a la clase media— fue un factor principal en el cambio hacia el gobierno civil. Los civiles podían ahora compartir algo de la culpa. Por la misma razón, la deuda puede proteger a los gobiernos civiles de otra ronda de golpes militares, ya que las fuerzas armadas están conscientes de que no tienen solución para la crisis económica.

Es probable que la deuda se convierta en un punto de enfoque para la Iglesia. En agosto de 1985 el gobierno cubano fue anfitrión en un encuentro de aproximadamente mil doscientos delegados de toda América Latina que representaban un amplio espectro de posiciones. Alrededor de cien participantes eran sacerdotes católicos. Durante su discurso de clausura el primer ministro Fidel Castro leyó un mensaje a la conferencia del cardenal Paulo Evaristo Arns, de São Paulo, en el que afirmaba que ya no era posible que se pagaran las deudas y que el compromiso principal de los gobiernos de América Latina eran para con sus pueblos, no con sus deudores. Las palabras de Arns recibieron una prolongada ovación de pie.

LAS ACCIONES DEL VATICANO

Dentro de la Iglesia católica el contexto también cambió después de 1979. En cada uno de sus principales viajes a América Latina (Brasil, 1980, Centroamérica, 1983 y los países andinos, 1985), el papa Juan Pablo II pronunció suficientes discursos como para llenar un libro pequeño. Aunque parecía atacar algunas de las ideas de la teología de la liberación, también denunciaba la injusticia.

Más importante que el texto de los discursos del Papa, sin

embargo, fue su fotografía de 1983 agitándole el dedo en las narices a Ernesto Cardenal, el sacerdote-poeta nicaragüense y ministro de cultura, amonestándolo para que normalizara su situación (renunciar a su puesto en el gobierno). En la misma parada, el Papa se trabó en una pelea a gritos con gente de la multitud que asistía a su misa. Según una versión, fue un plan sandinista deliberado con el fin de insultar y humillar al Papa. Según otros, la gente quería que éste dijera algo sobre las acciones de los "contras" antisandinistas, en particular unas palabras de consuelo a las familias de diecisiete jóvenes cuyo funeral había tenido lugar en ese mismo sitio. Ignorando sus peticiones, el Papa urgió a los católicos a unirse en torno a los obispos. Parecía estar apoyando la oposición (política) al gobierno sandinista del arzobispo Miguel Obando y Bravo. Cuando el pueblo empezó a cantar monótonamente "¡Queremos paz!", gritó en respuesta: "¡Silencio!" tres veces.

Sin importar cómo empezó el incidente, lo que el pueblo recordó fue un enfrentamiento entre el papa Juan Pablo II y el gobierno sandinista (en unión con los cristianos comprometidos en la revolución). El Vaticano siguió presionando a los sacerdotes en el gobierno para que renunciaran. En 1985 uno de ellos pidió la laicización, y Fernando Cardenal fue obligado a renunciar a los jesuitas. Tanto el ministro Miguel D'Escoto como Ernesto Cardenal, fueron suspendidos del sacerdocio.

Mientras tanto, el Vaticano presionó también a los teólogos de la liberación. En 1983 el cardenal Joseph Ratzinger, el jefe de la Sagrada Congregación para la Doctrina de la Fe del Vaticano, envió una carta a los obispos peruanos haciendo una lista de las objeciones a la teología de Gustavo Gutiérrez. Ni la urgencia del Vaticano a los obispos peruanos consiguió que decidieran si podían condenar a Gutiérrez. Éste fue llamado a Roma para consultas privadas con los funcionarios del Vaticano.

El Vaticano optó por una táctica diferente con el franciscano brasileño Leonardo Boff. Su libro *Iglesia: carisma y poder* contiene algunas de las más agudas y específicas críticas sobre el sistema de la Iglesia católica que haya llegado de América Latina. Más que acudir a los obispos brasileños, quienes lo hubieran apoyado, Ratzinger llamó primero a Boff a Roma para un debate, en septiembre de 1984. Le acompañaron dos cardenales brasileños para mostrar el apoyo de la jerarquía. En marzo de 1985 el Vaticano dio a conocer un documento contestando a las críticas de Boff y después, en mayo de 1985, le prohibió publicar o enseñar por un periodo indefinido. En el entretanto, el cardenal Ratzinger había publicado una "Instrucción" sobre la teología de la liberación, la cual, bajo el disfraz de llamar la atención sobre algunos errores, equivale a un ataque (véase el capítulo 12).

Había fuertes indicios de que éste era en realidad un ataque sistemático del Vaticano destinado a invalidar a la teología de la liberación en todas sus formas. Ese punto de vista cuadra con la visión polaca del papa Juan Pablo II del marxismo como inevitablemente en conflicto con la Iglesia. También parece encajar con lo que algunos consideran un programa de amplio alcance del Papa y de Ratzinger destinado a la "restauración" —esto es, un intento de volver a algo de la disciplina jerárquica y de control previos al Vaticano II, perdidos tras el concilio. Había una sacudida neoconservadora en la Iglesia, expresada en movimientos como Comunione e Liberazione y el Opus Dei, una sociedad secreta muy disciplinada de profesionales católicos.

Al final, el nombramiento de obispos por el Vaticano puede ser más decisivo que las declaraciones del papa. Si el papa Juan Pablo II deja en el lugar adecuado a una generación de obispos que refleje sus ideas, el impacto puede ser de largo alcance (comparable al legado de nombramientos jurídicos durante la administración Reagan).

Sin embargo, hubo algunas tendencias compensadoras. Durante su visita de 1983 a Centroamérica, el Papa instó al "diálogo" (*i.e.* negociaciones) en El Salvador, visitó la tumba del arzobispo Romero y abrazó indios en Guatemala (donde el gobierno había asesinado decenas de miles de ellos). En su encíclica sobre el trabajo humano, *Laborem Exercens,* el Papa tomó posiciones que podrían considerarse al menos en diálogo con el marxismo. Paralelas a los temas que parecían cuestionar la teología de la liberación, hubo continuas referencias a la injusticia y al derecho de los seres humanos. En abril de 1986 el Vaticano publicó una "Instrucción sobre la libertad y la liberación cristianas" que presentó una visión más benigna —aunque muy abstracta— de la teología de la liberación. El mismo mes los obispos brasileños tuvieron un encuentro cordial de tres días con el papa Juan Pablo II y los funcionarios del Vaticano, y el silencio impuesto a Leonardo Boff fue revocado.

En resumen, el contexto eclesiástico continuó siendo fluido o ambiguo. Más importante es que el futuro de la teología de la liberación dependerá no tanto de las intenciones —de los papas, de los obispos o de los teólogos— como de los mismos acontecimientos.

7. EL VALOR INFINITO DE LOS POBRES

UNA VISIÓN CRÍTICA DE LOS DERECHOS HUMANOS

En 1976 los obispos guatemaltecos publicaron una carta pastoral que empezaba hablando de la reconstrucción tras el terremoto que había matado a veintidós mil personas y dejó a cien mil sin hogar, y continuaba refiriéndose a la condición general del país.

Por cerca de diez años los escuadrones de la muerte (formados principalmente por el ejército y la policía) habían asesinado impunemente a cientos de ciudadanos año tras año. También anualmente eran secuestrados y desaparecían centenares. Las protestas públicas se limitaban a vagas notas en los periódicos, sobre la "violencia".

Que los propios obispos dijeran poco al respecto se debía en gran medida al cardenal Mario Casariego, quien abiertamente defendía al gobierno y al ejército y obstaculizaba los esfuerzos de sacerdotes y aun de sus compañeros obispos que estaban interesados. Aprovechando su ausencia del país, los otros obispos hablaron en términos que eran desacostumbradamente específicos para Guatemala. Denunciaron los frecuentes intentos de asesinato y declararon que el crimen se estaba convirtiendo en "un negocio. Verdaderamente muchos de los que cometen esos crímenes piensan que están sirviendo a su país, y hasta que defienden la civilización cristiana occidental." Los obispos declararon que no había justificación para los "grupos armados" que rondaban por el país "secuestrando y asesinando ciudadanos en un permanente clima de terror".

Encuentro que un pasaje de su carta, que no atrajo inmediatamente la atención, es una notable declaración del subyacente razonamiento teológico sobre el compromiso de la Iglesia en la defensa de los derechos humanos.

El hombre —todo hombre— es:
—la criatura predilecta de Dios,
—hecho a su imagen y semejanza,
—dotado de inteligencia y voluntad
y, por eso, llamado a ser libre y a vivir en comunidad.

Y lo que es más, todo hombre está llamado en Cristo a crecer hasta llegar a ser partícipe de la naturaleza divina y así llegar a la posesión definitiva de su realización en Dios. De aquí deriva la inmensa dignidad de la persona humana. Por ello, todo hombre debe tener idénticos derechos y oportunidades para su desarrollo y, a su vez, responder a sus deberes y obligaciones.

Por lo tanto:

—el más humilde de los guatemaltecos,
—el más explotado y marginado,
—el más enfermo e ignorante,
vale más que todas las riquezas de la patria y su vida es sagrada e intocable.

Fuera de contexto estas palabras parecen más bien doctrinales. Lo que las hizo radicales fue el hecho de que fueron pronunciadas en un país donde realmente la riqueza y los ricos tienen la última palabra. Para dar un solo ejemplo, todos los años en Guatemala cientos de personas resultan intoxicadas por el plaguicida usado mucho más allá de los límites recomendados, sin ninguna consideración para con los trabajadores campesinos y sus familias. Se reportan docenas de muertes al año, pero el verdadero número es mayor, ya que los médicos están bajo presión para que no culpen a los plaguicidas de las muertes. Los obispos dicen que cada campesino —esos a los que los terratenientes tratan como implementos laborales disponibles— vale más que la plantación, en realidad valen más que todas las plantaciones y los negocios de Guatemala.

Desde el punto de vista teológico, afirmar el valor infinito de toda persona es una proclamación del Evangelio, de la "buena nueva para los pobres". En este sentido, la defensa de la dignidad humana y de los derechos humanos no es una función optativa sino esencial y central para la misión evangelizadora de la Iglesia.

Como examinaré más adelante, en los años setenta los teólogos latinoamericanos criticaban las nociones convencionales de los derechos humanos. No obstante, es importante hacer notar que la Iglesia toleró las más flagrantes violaciones a los derechos por parte de los gobiernos más represivos.

Uno de los principales servicios de la Iglesia era simplemente proveer "espacio" para que los individuos se reunieran, se apoyaran unos a otros, y renovaran su esperanza y su fe cuando nada en el horizonte ofrecía esperanzas. Por ejemplo, una comunidad de base podía discutir la narración del Evangelio en donde los discípulos, temerosos y desesperados ante un mar azotado por la tempestad, ven a Jesús caminando sobre las aguas en dirección a ellos. Su interpretación podría ser que Jesús continúa acompañando a sus seguidores aun en medio de los peligros y las tormentas de hoy. La gente puede no necesitar identificar explícitamente la represión gubernamental con la "tormenta".

A nivel oficial, los obispos no respondieron inmediatamente al cambio hacia gobiernos represivos. Algunos obispos brasileños dieron la bienvenida al golpe de 1964, por ejemplo. Gradualmente, sin embargo, a menudo acicateados por el arresto, la tortura, la expulsión o el asesinato de personal eclesiástico, los obispos empezaron a tomar posiciones. Por ejemplo, en 1976 los obispos brasileños llamaron la atención sobre los "actos arbitrarios y el terrorismo: represión indiscriminada, persecuciones, delación, grupos armados, parapolicía, arresto, prisión, expulsión, desapariciones, secuestros, tortura, muertes y asesinatos". Continuaban: "No confundamos la verdadera paz con el silencio que se impone por el miedo a la represión arbitraria. No queremos una paz de cementerio, sino una paz que defienda la vida, en todos sus aspectos, tanto el físico como el moral." Ese lenguaje general tiene fuerza únicamente si el público entiende que las palabras están dirigidas a grupos identificables. En una declaración anterior los obispos habían usado el término "escuadrones de la muerte".

Tomadas en conjunto, las conferencias de obispos de los aproximadamente veinte países de América Latina han producido centenares de declaraciones sobre cuestiones sociales desde finales de los años sesenta hasta ahora. Uno de los temas principales ha sido el de los derechos humanos.

Individualmente cada obispo puede ser mucho más específico y concreto que una conferencia nacional de obispos. El ejemplo más notable fue el arzobispo Óscar Romero de San Salvador, quien en sus sermones dominicales a partir de 1977 se refirió a los problemas de violencia en su país. Indudablemente fue su denuncia de las violaciones de los derechos humanos por las tropas salvadoreñas lo que motivó su asesinato en marzo de 1980.

Los obispos no siempre toman una postura firme. En Argentina, durante la "guerra sucia" de finales de los años setenta los obispos estuvieron notablemente silenciosos aun cuando al menos uno de ellos y unos diez sacerdotes fueron asesinados. Fueron las Madres de Mayo, las madres y los miembros de las familias de desaparecidos quienes desafiaron a los militares, mientras que los obispos temporizaban y algunos hasta hicieron declaraciones promilitares. Cuando las fuerzas armadas se retiraron a sus cuarteles tras la humillante derrota en la guerra Malvinas/Falklands, la jerarquía católica había perdido credibilidad.

Además de hacer declaraciones, la Iglesia institucional ha apoyado grupos de derechos humanos, aportándoles así algo de protección. En Chile y El Salvador la Iglesia oficial estableció agencias para vigilar y probar con documentos las violaciones a los derechos humanos. En Chile, el Vicariato de la Solidaridad de la Iglesia trabajó con organismos de ayuda internacional para establecer comedores públicos gratuitos y proyectos de desarrollo en pequeña escala en las parroquias, con el fin de mitigar el perjuicio económico de la política gubernamental de Pinochet, la cual empobreció drásticamente a la clase trabajadora.

Como indica la cita inicial de los obispos guatemaltecos, la actividad de la Iglesia sobre los derechos humanos está basada en una teología. En realidad se podría decir que los actos de los gobiernos represivos están también basados en una teología explícita, que tiene algo de apoyo en la alianza histórica de la Iglesia con las clases gobernantes. Joseph Comblin hace notar que la imagen de Dios que presentan los dirigentes autoritarios es "el Estado, la nación, el orden, el poder y la ley". En cambio en el cristianismo "la imagen de Dios es el ser humano, el hombre o la mujer común y corriente".

Comblin señala también que en los sistemas de seguridad nacional el amor es considerado como lo que une a los ciudadanos, como soldados en un ejército. Significa la "amistad para con los amigos, hostilidad contra los enemigos". Cuando la policía secreta está tras alguien, todos sus antiguos amigos desaparecen. Las palabras bíblicas para "amor", por otra parte, significan "fidelidad a la propia palabra y lealtad a los demás". Una sociedad autoritaria hace al amor cristiano imposible.

Éstos son simples ejemplos de un descubrimiento teológico de la "teología" —o "antiteología"— implícita de regímenes que violan masivamente los derechos humanos.

VISIÓN CRÍTICA DE LOS DERECHOS HUMANOS

Algunos teólogos latinoamericanos estaban conscientes de los esfuerzos por los derechos humanos durante los años setenta y se preocupaban por la forma en que respondería la Iglesia. Deteniéndose simplemente en los peores casos —la tortura y los escuadrones de la muerte— se puede apoyar la noción de que eran los "abusos" de individuos o grupos perversos y por lo tanto ocultar el hecho de que se llevaban a cabo para proteger los intereses de las élites privilegiadas locales, y en última instancia la hegemonía de Estados Unidos. Más aún, la Iglesia tendía a reaccionar mayormente cuando su propio personal se veía afectado (p. ej. cuando un sacerdote era expulsado) o cuando la supresión de las libertades civiles o políticas alcanzaban a la clase media, e ignoraba el abuso más sistemático de los muy pobres. En otras palabras, el aceptar simplemente la definición occidental de los derechos humanos, con su dinamismo individualista, era una trampa.

Esas sospechas aumentaron cuando la administración Carter (1977-1981) hizo de los derechos humanos la pieza central de su política exterior, al menos en lo que respecta al Tercer Mundo. Fue durante esta época cuando la Comisión Trilateral empezó a atraer la atención. Establecida en 1973 por iniciativa de David Rockefeller, la Comisión Trilateral es un depósito de pensamiento que reúne a figuras de las élites de los negocios, el gobierno y las comunicaciones de Estados Unidos, Europa y Japón, para elaborar enfoques más coordinados y racionales a problemas mundiales, desde el comercio hasta la contaminación del ambiente. Muchos funcionarios de alto nivel de Carter, como Zbigniew Brzezinski, eran miembros. Aunque la manera en que enfocaba el Tercer Mundo la Comisión Trilateral era nítidamente más liberal y acomodaticia que en la época Nixon-Ford (1969-1977), los latinoamericanos lo consideraron principalmente como un medio para hacer mas fluida la función de dominio imperialista, lo cual era verdad a pesar de su ostentosa defensa de los derechos humanos.

Hugo Assmann, Franz Hinkelammert y otros, en el DEI (Departamento Ecuménico de Investigación) en San José, Costa Rica, dedicaron considerable atención a estos asuntos. En 1978 publicaron una obra en dos volúmenes titulada *Carter y la lógica del imperialismo,* en la que se reunían escritos de latinoamericanos y estadunidenses. Algunos de los títulos de estos ensayos revelan la dirección de su crítica de los derechos humanos: "El imperialismo y la política exterior de Carter"; "¿Los derechos humanos de quién?"; "Las dimensiones sociales del derecho a vivir"; "La defensa de los derechos humanos como solidaridad con los oprimidos"; "El Tercer Mundo empieza a crear un lenguaje alternativo sobre derechos humanos"; "Los derechos de los pueblos y el nuevo orden económico internacional". En 1978 el DEI organizó un encuentro de científicos sociales y teólogos para reflexionar sobre estos temas. Los documentos fueron reunidos en otra colección en dos volúmenes, *Capitalismo: violencia y antivida.*

Al escribir "Derechos humanos, evangelización e ideología", Juan Luis Segundo tomó una posición asombrosa. Dijo que en principio estaba de acuerdo con los militares de su país, Uruguay, en su rechazo a la crítica exterior de sus violaciones de los derechos humanos —aunque él mismo había sufrido hasta cierto punto la violación de sus propios derechos. (Según Amnistía Internacional, a mediados de los años setenta Uruguay tenía la mayor proporción per cápita de prisioneros políticos en el mundo.) Sin embargo, Segundo aseguró que la raíz de las violaciones de los derechos humanos se encontraba en las condiciones imposibles impuestas a los países del Tercer Mundo por los países ricos, condiciones que sólo podían mantenerse mediante la represión. Por lo tanto, era una hipocresía de esos países el criticar a los regímenes que llevaban a cabo la represión. Hay una "trampa ideológica" en considerar al sadismo y la tortura como genéticamente latinoamericanos. "Nos acusan de no ser democráticos, cuando son ellos los que nos impiden serlo."

> ¿No es el afirmar los derechos humanos lo que nos lleva a maximizar como atentado contra la libertad de pensamiento o expresión el cierre de un periódico o la prisión de un escritor, y a minimizar como si fuesen el resultado de causas "naturales" las condiciones económicas y sociales que producen, en una población entera la falta no sólo de expresión sino también de instrucción y, por consiguiente, de pensamiento?

Más que desarrollar una elaborada teología sobre derechos humanos, los teólogos latinoamericanos señalaron la necesidad de desarrollar un "lenguaje alternativo". Insistían en que no se debe hablar simplemente de "derechos humanos" en general, sino de los "derechos de las mayorías" o de los "derechos de los pobres", ya que son sus derechos los que violan. Esa expresión, además, está más cerca de la imagen bíblica de Dios poniéndose del lado de los pobres y en contra de sus opresores.

Los teólogos latinoamericanos cuestionaron también lo que

consideraron un lenguaje "idealista" sobre los derechos humanos en el discurso liberal occidental y el fracaso en darse cuenta de que algunos derechos son prioritarios sobre otros. Insistieron en que el derecho más elemental es el derecho a la vida, y en consecuencia el derecho a los medios de vida, es decir el empleo y la tierra.

Algunos cuestionaron también la manera convencional de enfocar los derechos humanos simplemente sobre el individuo y no sobre el Estado; insistieron también en los "derechos de los pueblos" y se refirieron a la "Declaración universal de los derechos de los pueblos" hecha en Argelia por un congreso convocado a ese propósito en 1976. Esta declaración subrayaba el derecho de los pueblos (a los que no definía) a la autodeterminación, a sus recursos naturales, al patrimonio común de la humanidad, a la justa recompensa por su trabajo, a elegir sus propios sistemas económicos y sociales, a hablar su propio lenguaje, etc. Los representantes en la reunión provenían principalmente de gobiernos revolucionarios y de movimientos de liberación nacional.

En una palabra, estos teólogos argumentaban que más que aceptar simplemente la noción occidental de los derechos humanos, con su enfoque sobre los derechos individuales ante el Estado, lo cual fácilmente podía convertirse en una ideología que enmascarara el sufrimiento diario y la muerte de la mayoría pobre, los latinoamericanos debían desarrollar un nuevo lenguaje sobre los derechos humanos. Ese lenguaje debía expresar el derecho a la subsistencia de la mayoría pobre de la humanidad, incluyendo sus derechos colectivos como personas.

CRÍTICA DE LA IDEOLOGÍA DE SEGURIDAD NACIONAL

En un principio, la ola de golpes militares a partir de 1964 podía considerarse un fenómeno transitorio, la reacción de grupos privilegiados a la creciente militancia de los años sesenta. Sin embargo, a medida que los gobiernos militares se convirtieron en norma, muchos llegaron a la conclusión de que lo que estaba apareciendo era un nuevo modelo de régimen. Algunos hablaron de "fascismo dependiente", pero el término más común fue "Estado de seguridad nacional".

La política de Estados Unidos contribuyó a este cambio. Después del Tratado de Río de Janeiro (1947) Estados Unidos proporcionó a las fuerzas armadas latinoamericanas una nueva razón fundamental, el anticomunismo, y durante los años sesenta esto las convirtió en fuerzas de contrainsurgencia. El "enemigo" ya no era externo, sino interno. Estados Unidos estaba comprometido en los golpes tanto de Brasil como de Chile, y en sentido más general, el entrenamiento de Estados Unidos contribuyó indudablemente al despertar de la vocación por la política entre generales y coroneles en toda América Latina. Cuando el gobierno civil parecía titubear, ellos estaban listos para aparecer.

Ya desde 1968 el obispo Cândido Padín de Brasil señaló la existencia de una ideología explícita de seguridad nacional. Durante los años setenta Comblin la definió y criticó con algún detalle. Como se dice claramente en los libros de los generales Golbery do Couto e Silva (Brasil), Jorge Atencio (Argentina) y Augusto Pinochet (Chile), la seguridad nacional considera que la "geopolítica" ocupa un lugar principal en el conocimiento humano. (También era principal en las ideologías nazi y fascista.) La geopolítica sostiene que los individuos y los grupos deben estar subordinados al Estado, al que considera como una especie de organismo y como la fuente última de valores. Hay una suposición básicamente hobbesiana de que todos los estados están permanentemente en guerra uno con otro, aunque pueden aceptar alianzas contra enemigos comunes. El arte de gobernar lo considera como sinónimo de estrategia; el bien supremo es la seguridad nacional. Aun el crecimiento económico está primeramente justificado en términos de seguridad. El bienestar de los ciudadanos está subordinado a la seguridad, aunque se admite que más allá de cierto punto las necesidades no satisfechas amenazan ellas mismas la seguridad si generan inquietudes.

Los agentes del desarrollo son las élites, tanto militares como tecnócratas. El obispo Padín señala que en la doctrina de la seguridad nacional sólo se considera maduras a estas élites. Los grupos restantes en la nación, incluyendo a los campesinos, los sindicatos y los estudiantes universitarios y el cuerpo docente, se consideran como menores que todavía necesitan tutelaje. Ve esta actitud como una continuación de la actitud de los colonizadores hacia la población conquistada.

Otra suposición de la doctrina de seguridad nacional es que la nación está aliada con Estados Unidos en el conflicto Este-Oeste. La religión es vista bajo esta perspectiva. La civilización cristiana occidental está amenazada por el ateísmo marxista del Este. Los gobiernos de seguridad nacional esperan que la Iglesia sea una aliada, y están preparados para conceder favores siempre y cuando desempeñe el papel que le corresponde. Esperan también que la Iglesia coincida con sus posiciones moralistas, ya se trate de contener la pornografía o de limitar la disidencia política.

Comblin critica los dogmas de la ideología de la seguridad nacional con considerable detalle. Primero, cuestiona la noción de una "civilización cristiana", que para las ideologías de la seguridad nacional es meramente un fenómeno cultural, "una serie de creencias y patrones rituales, leyes y tradiciones". En ninguna forma tienen en mente el despertar de la libertad, que es la esencia de la evangelización. También aborda el argumento de los militares de que la Iglesia debe unirse a ellos en una cruzada contra el comunismo "ateo", insistiendo en que es contradictorio luchar contra el ateísmo con violencia. El verdadero conocimiento de Dios está basado no en el uso de las palabras correctas —incluyendo la palabra "Dios"— sino en el amor. ("Cualquiera que dice 'yo lo conozco' y no obedece sus mandamientos es un mentiroso" [1 Juan 2:4].)

Las ideologías de la seguridad nacional hacen suposiciones acerca de la naturaleza humana, la libertad y el Estado que están reñidas con el cristianismo. Se considera que la vida humana es una interminable lucha, en verdad una guerra, en la que los demás son, o bien aliados, o enemigos. Permanentemente inseguros en esta guerra, los individuos deben buscar refugio en el poder. Únicamente el Estado puede crear el orden; la gente debe pagar por esta seguridad entregando la libertad.

Comblin contraataca con la afirmación evangélica de que Cristo ha venido a traer la paz y la orden de que debe amarse a los enemigos. El amar al enemigo hace relativo "el criterio de seguridad". El Espíritu Santo ha venido a hacer posibles estas cosas. "Los seres humanos *están* capacitados para crear la paz y la justicia. No deben dejar esa tarea al Estado."

En su mayoría, estas ideologías ignoran la libertad, que es esencial para una visión bíblica de la vida. Por ejemplo, la libertad implica "despojarse del esclavo que vive dentro de uno", incluyendo "la esclavitud de la necesidad de seguridad". Significa reclamar el derecho a ser una persona, no un objeto inanimado, en la sociedad. La libertad se alcanza únicamente por medio de "libre asociación, libre aceptación, libre pacto". En todos estos aspectos el sentido cristiano de libertad va en contra de la ideología de la seguridad nacional.

Comblin encuentra que la teología ha tendido a ignorar al

Estado, o a caer en una fácil ingenuidad y optimismo respecto a él. Es fundamental en una visión bíblica la distinción entre gente y Estado. Los estados son relativos; están hechos para servir. "Los estados pasan; la gente permanece." El Estado debe crear las condiciones de libertad.

El único poder bueno es el poder limitado; debe haber leyes y principios por encima de él, más fuertes que él. Estas instituciones por encima del poder del Estado son la encarnación del Espíritu en la historia. Una sociedad política sin esos organismos que limiten el poder del Estado no es posible que sea una sociedad cristiana.

Este resumen puede servir para dar una idea de cómo bosqueja Comblin las contradicciones subyacentes entre las pretensiones de la ideología de la seguridad nacional y el cristianismo bíblico. Si el mundo es realmente como Golbery y los demás lo conciben, "el mensaje cristiano se vuelve vacío y sin sentido, excepto como un documento utópico del pasado".

Creo que éste es un ejemplo particularmente ilustrativo de cómo trabaja la teología de la liberación. Respondiendo al reto planteado por esta nueva forma de Estado y de ideología, los teólogos no sólo minan la habilidad de los estados para justificar su violencia contra el pueblo, sino que al hacerlo descubren una profundidad mayor en el significado de la Biblia y de la tradición cristiana.

En Puebla los obispos resumieron la doctrina de la seguridad nacional como una ideología, al lado del "liberalismo capitalista" y del "colectivismo marxista", haciendo notar que se usaba para justificar las violaciones de los derechos humanos. Los obispos dijeron que la doctrina de la seguridad nacional era incompatible con el cristianismo tanto en su visión del ser humano como del Estado.

A mediados de los años ochenta los gobiernos militares han sido castigados con el fracaso económico, y en el caso de Argentina con la derrota militar. Sólo Chile parecía encarnar la ideología de la seguridad nacional en su forma más pura. Sin embargo, mucha de la ideología subyacente era todavía operativa, incluso aunque el gobierno haya pasado a manos civiles.

Según el punto de vista occidental convencional, defender los derechos humanos es esencialmente un asunto de proteger al individuo de un Estado arbitrario o injusto. Más allá de la integridad física (el derecho a no ser muerto, torturado o sujeto a un castigo inusitado) se hace hincapié en el proceso debido, la igualdad ante la ley y en las libertades de reunión y de expresión.

Los marxistas y los representantes del Tercer Mundo consideran esta concepción liberal de los derechos humanos como estrechamente individualistas, ya que ignora o quita importancia al derecho más elemental, el derecho a la sobrevivencia y a la vida, que está esencialmente relacionado con el derecho al trabajo. En otras palabras, el derecho a "la vida, la libertad, y la búsqueda de la felicidad" no tiene sentido para aquellos que viven en un nivel inhumano, porque no pueden encontrar trabajo o no tienen tierra en la que producir alimento. La libertad de prensa es relativa en un país en donde el 80% de la población no tiene para comprar un periódico. La contracrítica liberal es que, por muy deseables que sean, los llamados derechos sociales y económicos no son derechos en el sentido estricto. El derecho a la libertad de expresión, por ejemplo, es claro y aplicable. Por contraste, no queda claro en quién recae la responsabilidad para el empleo, ni cómo debe hacerse valer ese derecho. Nótese, sin embargo, que la Declaración Universal de los Derechos Humanos de las Naciones Unidas de 1948 incluye los derechos económicos y sociales, como lo hace la declaración católica más avanzada sobre los derechos humanos, la encíclica *Pacem in Terris* del papa Juan XXIII.

El personal de la Iglesia latinoamericana critica las limitaciones de las nociones occidentales sobre los derechos humanos. Han buscado ir más allá denunciando abusos, como la tortura, el secuestro y el asesinato, para cuestionar al propio modelo de desarrollo que auspicia pequeñas élites con vidas de lujo, mientras que la mayoría vive en condiciones deshumanizadas.

En mayo de 1973, dos grupos regionales de obispos brasileños publicaron cartas pastorales criticando el impacto humano del modelo de desarrollo del "milagro brasileño". Los obispos del noreste afirmaron que Brasil había tomado el camino del "capitalismo dependiente asociado" en el que el desarrollo servía "no a los intereses de la sociedad brasileña", sino "al provecho de compañías extranjeras y sus asociados en nuestro país". Hacia

1970 el 1% más rico de la población controlaba una parte mayor del producto nacional (17%) que la mitad inferior (13.7%). El sistema estaba haciendo más ricos a los ricos y más pobres a los pobres —o como los mismos pobres lo expresaban, "el pez grande se come al chico". En esa época, cuando las voces independientes de la prensa, el trabajo y los intelectuales habían sido silenciadas, el cuestionar el curso tomado por el gobierno militar era una forma de herejía secular.

En su carta, los obispos del centro-oeste también criticaron el modelo de desarrollo. Llamaron al capitalismo "el mayor mal, el pecado acumulado, la raíz podrida, el árbol que produce los frutos que hemos conocido: pobreza, hambre, enfermedad y muerte". Explícitamente demandaron ir "más allá de la propiedad privada de los medios de producción (fábricas, tierra, comercio, bancos, fuentes de crédito)".

Aunque admitiendo que no sabían qué tipo de mundo les gustaría que hubiera, plantearon algunos elementos de una visión utópica:

> Queremos un mundo en el cual los frutos del trabajo pertenezcan a todos.
>
> Queremos un mundo en el cual la gente trabaje no para hacerse rica sino para que todos tengan lo necesario para vivir: comida, atención médica, habitación, enseñanza, ropa, zapatos, agua, electricidad.
>
> Queremos un mundo en el cual el dinero esté al servicio de los seres humanos, y no los seres humanos al servicio del dinero.
>
> Queremos un mundo en el cual haya un solo pueblo, suprimida la división entre ricos y pobres.

Desde el punto de vista de la teología de la liberación, una búsqueda firme de los derechos humanos lleva a la lucha por hacer cambios básicos en la sociedad misma.

Tanto la conceptualización como el logro de los derechos humanos tienen una historia. Eso debiera estar claro para los estadunidenses cuyos fundadores proclamaron la verdad "autoevidente" de que los seres humanos tienen derechos inalienables, y sin embargo sólo permitieron votar a los varones blancos propietarios.

La lucha actual por los derechos humanos en América Latina es una contribución a esa historia común —e inacabada.

8. TOMANDO PARTIDO

FE, POLÍTICA E IDEOLOGÍA

Pocas cosas son más obvias sobre la Iglesia católica que su injerencia en política. El Vaticano mantiene un servicio diplomático mundial. En Estados Unidos, los que hacen encuestas y los políticos escudriñan el voto católico. El papa Juan Pablo II viaja por todos los continentes con mensajes que se escuchan en términos políticos.

Sin embargo los obispos mismos inquebrantablemente mantendrán que aun en la esfera pública su papel es religioso, no partidista. El Vaticano II declaró que la Iglesia "en ninguna forma debe confundirse con la comunidad política, ni ser ligada a ningún sistema particular". Entendida en la perspectiva histórica, esa o declaraciones semejantes son un repudio a la preferencia previa de la Iglesia por gobiernos que reconocieron oficialmente al catolicismo.

Dado su estatuto mayoritario, la Iglesia católica, y particularmente la jerarquía, tiene un peso político considerable en la sociedad latinoamericana. La Iglesia puede legitimar o ilegitimar. A menudo no puede eludir un asunto: el silencio puede considerarse un consentimiento implícito. El hecho de que los obispos argentinos no protestaran por la "guerra sucia" en la que al menos nueve mil, y posiblemente más, argentinos fueron muertos, los convierte en cómplices silenciosos. Similarmente, la Iglesia católica escasamente puede evitar tomar algún tipo de posición en la revolución de Nicaragua.

Los protestantes, por otra parte, son normalmente menos del 10% de la población, y cualquier Iglesia particular será menor del 1%. Por lo tanto, las iglesias protestantes individuales pueden por lo general evitar tomar una postura sobre asuntos públicos, como lo hace la Iglesia católica romana en la mayor parte de Asia, con la notable excepción de las Filipinas. Las iglesias protestantes en América Latina tienen un carácter "privado", mientras que la Iglesia católica es, de grado o por fuerza, uno de los protagonistas en el ámbito público.

Mi objetivo aquí será aclarar a grandes rasgos cómo consideran los teólogos de la liberación la política y su intersección con la fe y la teología.

¿LA POLÍTICA DE QUIÉN?

La teología de la liberación es acusada frecuentemente de ser una mezcla injustificada de religión y política. Los teólogos son acusados de intentar usar la religión en la izquierda, justamente como los elementos conservadores usaron la Iglesia durante siglos. Los sacerdotes que apoyan la revolución sandinista en Nicaragua pueden parecer una variedad más de teólogos de corte.

En términos de sentido común, parece claro que cuando el papa u otros objetan la injerencia del clero en la política, su preocupación verdadera es un tipo particular de injerencia, aun cuando la objeción se expresa en términos de principios generales. Así, los sacerdotes que colaboran con el gobierno sandinista son suspendidos, mientras el cardenal Obando, que denuncia a los sandinistas en cualquier oportunidad, pero nunca denuncia las atrocidades de los "contras" apoyados por Estados Unidos, y hasta celebra misas por sus partidarios en Miami, es envuelto con el manto del profeta. No se levantan clamores cuando el cardenal Jaime Sin, de Manila, participa activamente forjando la coalición antielección de Marcos, urge a los filipinos a votar y después a defender los resultados de las elecciones, y después apoya a los oficiales del ejército que se vuelven contra Marcos. ¿Estaba el cardenal apoyando un surgimiento extraordinario de poder no violento del pueblo, o ayudando a Estados Unidos y a las élites filipinas a calmar y a cooptar lo que podría haberse convertido en una auténtica revolución? Sea cual fuere el resultado, es difícil verlo como otra cosa que como el uso del poder político de la Iglesia. Lo mismo es cierto del papa Juan Pablo II, quien infatigablemente declara que los sacerdotes deben mantenerse fuera de la política, y sin embargo al visitar Perú en 1985 puede urgir a las guerrillas de "Sendero Luminoso" a rendirse, aun cuando no hizo una recomendación semejante a la "contra", creada y apoyada por Estados Unidos en Nicaragua dos años antes. Un cínico podría sacar en conclusión que lo que el Papa quería decir es que él mismo va a manejar la injerencia política de la Iglesia.

Alguien de la Iglesia podría argumentar que es ilusorio imaginar que se puede estar por encima de la política. Los católicos deben aceptar el hecho de que la Iglesia tiene influencia y debe colocar esa influencia del lado de las aspiraciones de los pobres. En términos negativos esto podría significar ser cuidadoso para no apoyar un orden presente injusto; en términos positivos, significaría alentar y apoyar el dinamismo de los movimientos populares hacia la liberación, sin estar atado a organizaciones o programas específicos.

La enseñanza oficial católica, sin embargo, constantemente se resiste a esa posición. En el Vaticano II los obispos declararon que la Iglesia no estaba ligada a un tipo particular de régimen. Consideraron que la actividad política era propia de los laicos, pero no de los sacerdotes, quienes debían ser "ministros de la unidad". Los cristianos individuales deben tomar sus propias opciones políticas. Esta imagen de la política parece suponer un orden básico en la sociedad, una democracia occidental funcionando tranquilamente con un alto grado de consenso, en la que la política es un juego que juegan los partidos competidores que consienten aceptar unas reglas. En tal caso parece haber poca justificación para que la Iglesia aconseje a la gente.

La experiencia latinoamericana ha hecho que se cuestione esta postura aparentemente clara. Los cristianos que empezaron a intentar aplicar la "enseñanza social" de la Iglesia, se han inclinado a volverse radicales. Se dan cuenta de que la justicia no se logrará sin un cambio político sistemático. La cuestión política esencial no es qué partido debe ocupar un gobierno, cuando todos operan bajo parámetros implantados por élites oligárquicas y militares. Se trata más bien de ver cómo cambiar las reglas del juego para que los pobres mismos se conviertan en jugadores.

En una encíclica de 1971, el papa Paulo VI apuntó que los cristianos sentían la necesidad de "pasar de la economía a la política" y que estaban siendo atraídos por el socialismo y el marxismo. Aunque señalaba algunos peligros, el Papa no expresó condenas, sino que aconsejó a los cristianos y a las comunidades locales emplear "juicio cuidadoso" y "discernimiento". Esta relativa apertura para un discernimiento crítico del socialismo y aun del marxismo fue un elemento nuevo en la enseñanza oficial católica.

En Puebla (1979) los obispos hablaron de la política como una "dimensión constitutiva de los seres humanos que tiene un aspecto global, porque su finalidad es el bienestar común de la sociedad". La Iglesia "siente que tiene el deber y el derecho de estar presente" en la política, puesto que "se espera que el cristianismo evangelice toda la vida humana, incluyendo la dimensión política". Los obispos rechazaron explícitamente la noción de que la fe debe estar restringida a la vida personal o familiar. Reaccionaban aquí contra las acusaciones de que al tomar posiciones sobre las violaciones de los derechos humanos, estaban saliéndose de su legítima competencia.

Al mismo tiempo, la reunión de Puebla reafirmó la insistencia del Vaticano II en el papel propiamente religioso de la Iglesia y la diferencia entre clero y seglares. Los obispos hicieron lo que parecía ser una clara distinción entre dos significados de la palabra "política". Entendida en el sentido amplio, "política" significa "la búsqueda del bien común", y es de incumbencia de la Iglesia. Al perseguir este bien común, sin embargo, la gente forma grupos diferentes con ideologías distintas. "La política de partidos es propiamente el ámbito de los laicos." Ya que los pastores "deben estar interesados en la unidad", no pueden involucrarse con las ideologías políticas "partidistas".

A primera vista, esta distinción parece clara y aplicable. Las autoridades eclesiásticas no deben dirigir a la gente en cómo votar, por ejemplo. No obstante, las cuestiones más profundas en América Latina no son las elecciones como tales. La confrontación básica está entre la "gente", entendida como la mayoría pobre y los aliados con ella, y la estructura de poder actual. A menudo esta confrontación está latente o enmascarada; a veces brota en actividad espontánea; en otras ocasiones está injertada en un movimiento o en una serie de movimientos. Cuando los miembros del Grupo Mutuo de Apoyo en Guatemala marchan por las calles salmodiando sus setecientos seres queridos "desaparecidos" —"¡Se los llevaron vivos; devuélvanlos vivos!"— ¿defienden el bien común, o están entregados a actividad "partidista"? ¿Debe la Iglesia —específicamente la jerarquía— apoyar a este grupo?

Por claras que puedan parecer las distinciones en el papel, no parecen ser eficaces en situaciones reales altamente conflictivas.

La teología de la liberación tiende a tomar otro enfoque. Los teólogos insisten en que la fe no puede ser neutral cuando se trata de la vida y la muerte de la gente. Las elecciones políticas e ideológicas no pueden esquivarse.

Un caso pertinente es cómo manejó el arzobispo Óscar Romero los asuntos relacionados con lo que se llamaron "organizaciones populares". Éstas eran organizaciones de masas, inicialmente de campesinos, que surgieron a mediados de los años setenta en El Salvador. Las dos organizaciones mayores tenían relaciones estrechas con el trabajo pastoral de la Iglesia en comunidades de base. La FECCAS (Federación de Campesinos Cristianos Salvadoreños) originalmente era una organización de inspiración democristiana que se volvió más militante bajo un nuevo liderazgo. La UTC (Unión de Trabajadores del Campo) surgió directamente de una invasión de tierras en el departamento de San Vicente en noviembre de 1974. Campesinos de una comunidad de base ocuparon la tierra sin uso, buscando presionar al dueño para que se las rentara. El ejército, temiendo el precedente, atacó al grupo matando a seis y encarcelando a veintiséis (trece de los cuales "desaparecieron"). En ese punto ellos organizaron la UTC. Más tarde, ambos grupos se unieron. Hacia finales de la década era claro que estas organizaciones populares eran una arma política de la organización guerrillera FPL (Fuerzas Populares de Liberación).

La concientización en las comunidades de base preparó el terreno para estas organizaciones, que proporcionaron un vehículo por el cual los campesinos podían unirse a nivel nacional. A juicio de los campesinos había indudablemente una evolución directa desde su experiencia original de concientización a través de la Iglesia hasta su militancia en organizaciones que empleaban un vocabulario marxista, aunque sus métodos eran no violentos. (La novela de Manilio Argueta, *Un día de vida,* ofrece una vívida visión de este proceso a través de los ojos de campesinos de Chalatenango.)

Los terratenientes denunciaron a estos grupos como subversivos y terroristas, y culparon a los sacerdotes y a otra gente de la Iglesia. En agosto de 1978 cuatro de los obispos salvadoreños pronunciaron una declaración formal condenando en efecto a estas organizaciones como "marxistas".

El arzobispo Romero hizo un cambio fundamentalmente diferente en una carta pastoral llamada "La Iglesia y las organizaciones populares", publicada ese mismo mes. Defendió el derecho de los campesinos para organizarse y señaló cómo ese derecho era violado en El Salvador. Haciendo referencia a la enseñanza sobre política del Vaticano II, el Arzobispo reconocía que estas organizaciones eran tan legítimas como los partidos políticos tradicionales.

Romero reconoció que había una relación entre la Iglesia y

esas organizaciones que habían surgido de su labor. La deducción parecía ser que los sacerdotes necesitaban no repudiar organizaciones como FECCAS y UTC cuando se comprometieran en la lucha. Insistía después en que aunque la fe y la política están relacionadas, no son la misma cosa y la distinción debe mantenerse. Los programas políticos particulares no deben remplazar el contenido de la fe, ni debe la Iglesia o sus símbolos ser utilizados en provecho de una organización particular. Nadie debe ser obligado a unirse a una organización. La fe debe seguir siendo siempre "el último marco de referencia" para un cristiano. Los individuos no deben ser líderes de la comunidad cristiana y de una organización política al mismo tiempo. Un individuo que es líder en una comunidad de base y en una organización campesina militante debe pasar por un proceso de discernimiento y decir qué forma de liderazgo es la suya o su vocación. El papel de los sacerdotes es asesorar respecto a la fe y la justicia, y sólo en circunstancias excepcionales, y tras informarle al obispo, pueden aceptar tareas políticas.

Los campesinos vieron una clara continuidad entre su despertar en las comunidades de base y su militancia activa en organizaciones nacionales. Romero afirmaba su derecho a pertenecer a esas organizaciones y al mismo tiempo les prevenía para que no dejaran que su fe fuera absorbida totalmente por la política. Lo inusitado era el deseo de Romero de confrontar los asuntos en términos específicos. Hasta su muerte siguió siendo un firme partidario de las organizaciones populares, a las que consideraba una genuina expresión de las aspiraciones populares, sin comprometer a la Iglesia en el apoyo de organizaciones particulares. Aunque se responsabilizó de este documento —junto con el obispo Arturo Rivera y Damas, quien también lo firmó—, se puede suponer razonablemente que los teólogos de El Salvador tuvieron que ver en su preparación.

LAS IDEOLOGÍAS Y LA FE

La Iglesia, declaró el papa Juan Pablo II en su discurso de apertura de la conferencia de Puebla, "no necesita recurrir a los sistemas ideológicos para amar, defender y colaborar en la liberación del ser humano". La única inspiración que necesita es el mensaje que se le ha confiado.

En Puebla los obispos definieron la ideología como "cualquier idea que ofrece una visión de los distintos aspectos de la vida desde el punto de vista de un grupo específico de la sociedad". Por lo tanto "toda ideología es parcial, porque ningún grupo puede pretender identificar sus aspiraciones con las de la sociedad como un todo". Las ideologías son legítimas, pero tienden a "totalizar los intereses que defienden, la visión que proponen, y la estrategia que promueven", convirtiéndose de esta manera en "religiones laicas". Los obispos afirman que "ni el Evangelio ni la enseñanza social de la Iglesia que se deriva de él son ideologías".

La Iglesia "acepta el reto y la contribución de las ideologías en sus aspectos positivos, y a su vez las pone en duda, las critica y las relativiza". Específicamente, los obispos examinan "el liberalismo capitalista", el "colectivismo marxista" y la "doctrina de la seguridad nacional". Tras la aparente imparcialidad, claramente lo que más les preocupa es el marxismo.

En 1978 un grupo de teólogos que se reunía en Caracas, Venezuela, con la esperanza de contribuir al debate pre Puebla había articulado una posición fundamentalmente diferente. Empezaban distinguiendo tres sentidos en el término "ideología". En el sentido marxista una ideología es usada por una clase dominante para ocultar sus privilegios e intereses y es impuesta a la sociedad en su totalidad —por ejemplo, a través de los medios de comunicación masivos. En este sentido, ideología denota "falsa conciencia". Un segundo significado es el de una filosofía general, una perspectiva mundial que abarca todo y que busca explicar la realidad total. El tercer sentido es mucho más limitado y denota "un sistema de medios y fines para confrontar un periodo particular de la historia en sus circunstancias diferentes y cambiantes, y para dirigir a la historia hacia fines que son parciales y están sujetos a revisión".

Las autoridades eclesiásticas tienden a entender las ideologías en el segundo sentido, esto es, como sistemas globales que buscan dar cuenta de todo, mientras que los teólogos de la liberación las entienden en el tercero, más limitado.

Los cristianos no pueden permanecer indiferentes ante las ideologías, prosiguen los teólogos de Caracas. Para millones de individuos en América Latina son cuestiones de vida o muerte. Si la fe en Jesucristo impulsa a la gente a encontrar la forma de hacer efectivo al amor, deben explorar "qué sistemas favorecen la vida y cuáles están al servicio de la muerte". Ha llegado el momento de dejar la lucha por la neutralidad, sea por hipocresía o por falta de conocimientos, para "decidirse con determinación y tomar partido serena y responsablemente". Es su compromiso activo en las comunidades cristianas lo que lleva a estos teólogos a la convicción de que tienen que tomar partido —al igual que el Dios de Israel y Jesucristo toman partido y se ponen de parte de los pobres y de los oprimidos. El impulso para estas opciones proviene de la fe.

Más aún, observan, tales opciones no están basadas en la enseñanza de la jerarquía ni invocan la enseñanza social de la Iglesia como una especie de "puente" necesario que une la fe y la praxis cristiana. Más bien ven un proceso de discernimiento en las comunidades cristianas mismas, las cuales buscan determinar "qué sistemas, qué fuerzas, qué programas y qué grupos pueden ser considerados como los portadores concretos de la liberación en la historia".

Las decisiones de la Iglesia deben encarnarse en esos esfuerzos y movimientos: eso trae consigo "estar ideologizado, tomar partido, y así encarnar y comprometerse con la historia humana concreta". En efecto, estos teólogos están diciendo que la Iglesia no puede observar la lucha del pueblo sin intervenir, sino que debe comprometerse en esos movimientos que encarnan sus aspiraciones. Ello no significa ignorar la filosofía o la historia previa de esos movimientos (sin mencionarlo por su nombre, obviamente están pensando en el marxismo). No obstante, la confrontación entre esos movimientos y la fe que motiva a los cristianos a comprometerse no es asunto de debate o de polémica, ya que ambos movimientos y el compromiso cristiano deben ser medidos por lo fieles que son en la práctica a las esperanzas de los pobres.

Los cristianos que toman esas decisiones tienen que renunciar al deseo de tener siempre la razón. "Sólo quien se apega al área de los principios éticos generales puede tener siempre razón." Ese enfoque de la verdad, compartiendo riesgo y lucha, es difícil para la jerarquía, acostumbrada como está a creerse poseedora de la verdad.

En una palabra, estos teólogos están diciendo que los cristianos y la Iglesia misma deben optar por una ideología, entendida como lo que los latinoamericanos llaman un "proyecto". Un "proyecto" en este sentido no es simplemente una utopía lejana e irrealizable, tampoco es un programa a corto plazo. Es algo intermedio, algo como el empuje general de la sociedad. En ese sentido, el socialismo es ese "proyecto" posible, entendido no como una mítica sociedad sin clases sino como una posible alternativa que comprende un cambio básico en las relaciones de poder, en donde la mayoría pobre se convierte en actor real en la sociedad, y una serie de reformas estructurales (reforma agraria y reorientación general de los medios de producción para satisfacer las necesidades básicas de las mayorías).

Los obispos tienen tendencia a afirmar que la Iglesia no puede elegir entre las ideologías en competencia. Como explicación pueden decir, por ejemplo, que la Iglesia ha "optado por el Cristo resucitado".

Los teólogos de Caracas, y otros al igual que ellos, insisten en que tener una ideología es parte de la condición humana. Uno no puede evitar una ideología, igual que no puede evitar respirar aire o hablar por medio de frases. (En un punto en la reunión de Puebla, el obispo Germán Schmitz de Perú retó a sus compañeros obispos diciendo: "Dejad que el que no tenga ideología lance la primera piedra.") La distinción importante está en la aceptación sin reservas o hasta inconsciente de las ideologías existentes.

¿EL FIN DE LA CRISTIANDAD?

Como se hizo notar al principio de este capítulo, desde un punto de vista de sentido común, la cuestión parece simple: ¿tomará su posición la Iglesia y los cristianos con la estructura de poder existente o con aquellos que luchan por un cambio? Sin embargo, Pablo Richard, un teólogo chileno exiliado desde 1973, argumenta que lo que realmente está ocurriendo es una crisis de la "cristiandad".

"Cristiandad" se refiere a ese periodo en el que la Iglesia parecía limítrofe con la sociedad como un todo, más notablemente durante la Edad Media. En la cristiandad hay dos poderes, el temporal y el espiritual: el cristianismo recibe reconocimiento oficial y a cambio da legitimación religiosa a aquellos que ostentan el poder temporal.

En la teología moderna "cristiandad" tiene una connotación negativa. El costo del reconocimiento oficial por Constantino fue un compromiso con la riqueza y el poder. La tendencia de secularización de los siglos recientes y la consecuente pérdida de poder de la Iglesia son purificadoras. Cuando la sociedad misma ya no refuerza la tradición cristiana, la gente puede vivir su fe por convicción más que por conveniencia.

Richard interpreta la historia de la Iglesia católica en América

Latina en términos de una cristiandad. Es suficientemente obvio que los conquistadores ibéricos implantaron una forma de cristiandad en las colonias. La cristiandad colonial fue destruida durante la lucha por la independencia y sus secuelas durante el siglo XIX, pero los dirigentes eclesiásticos nunca abandonaron su esperanza de restablecer la cristiandad. Muchas iniciativas de la primera mitad del siglo XX, y particularmente los partidos demócrata-cristianos y las organizaciones relacionadas con ellos, pueden verse como esfuerzos para implantar una "neocristiandad".

A partir de 1960 aproximadamente, toda la idea de una "neocristiandad" está en crisis, asegura Richard. La crisis general de la sociedad latinoamericana apunta hacia un nuevo tipo de sociedad naciente. Dentro de la misma Iglesia hay ahora grupos, particularmente aquellos identificados como la "Iglesia popular", que rechazan cualquier tipo de fórmula de cristiandad. Lo que está en crisis, en otras palabras, no es la Iglesia como tal, sino un modelo particular de las relaciones Iglesia-Estado. Si el movimiento general del pueblo conduce a un nuevo tipo de sociedad, habrá un nuevo tipo de relaciones Iglesia-Estado, que avance más allá de cualquier tipo de cristiandad. Si, por otra parte, prevalecen los regímenes militares autoritarios, el resultado será una nueva "cristiandad militar-eclesiástica".

Uno de los puntos más sugestivos de esta imagen algo abrumadora es la comparación que hace Richard del periodo actual con el de independencia a principios del siglo XIX. Partiendo de que la Iglesia se dividió respecto a la independencia, no debe ser muy sorprendente encontrar que eventos como la revolución en Nicaragua también provocan crisis y división. Por la misma razón, tanto el surgimiento de la nueva sociedad como el ajuste de la Iglesia a ella indudablemente tomarán tiempo.

Richard y otros ven esta tesis de la cristiandad como la base para su afirmación de que la teología de la liberación no es meramente una versión de la izquierda de la injerencia tradicional de la Iglesia en la política. Nicaragua es un ejemplo. El gobierno sandinista no le pide a la Iglesia que legitime la revolución. La revolución está legitimada por lo que hace o propone hacer. Tampoco ofrece el gobierno ningún lugar privilegiado a la Iglesia. La Iglesia es libre de llevar adelante su misión religiosa, siempre y cuando no busque minar la revolución. El personal de la Iglesia en Nicaragua me ha dicho que cree que los obispos se sienten incómodos con esta nueva relación, especialmente porque los revolucionarios gozan de una buena cantidad de liderazgo moral. Los obispos interpretan el final de una alianza particular Iglesia-Estado y su pérdida de un tipo particular de influencia en la sociedad como hostilidad hacia ellos y hacia la Iglesia.

Aunque encuentro la noción de cristiandad útil para estudiar la historia de América Latina, no estoy completamente convencido con la tesis de Richard. Considerar a Nicaragua como una prueba lo único que hace es aumentar mis dudas.

Por mi parte encuentro el tratamiento de la cristiandad por Joseph Comblin más persuasivo. En su libro *O tempo da ação: ensaio sobre o espírito e a história* (una especie de reflexión teológica sobre varias etapas de la historia de la Iglesia) no se limita a América Latina, sino que examina la cristiandad como fenómeno general. Señala que en realidad la historia de la cristiandad no es armónica, sino que es la historia del conflicto entre los poderes temporal y espiritual —por ejemplo, el papado luchando por independizarse del emperador. Más adelante señala que la función profética de la jerarquía es concebible sólo en el contexto de la cristiandad. Esto es, una voz profética sólo puede escucharse cuando hay algún conocimiento del papel de la Iglesia en el ámbito público.

Además, Comblin señala que pedir la terminación de la cristiandad no es nada nuevo. Joaquín de Fiore lo hizo en el siglo XII, así como Lutero y los reformadores en el siglo XVI. Observa que aquellos que proponen la destrucción de una forma de cristiandad usualmente terminan construyendo otra (Calvino en Ginebra, las Iglesias estatales luteranas, los puritanos). Bajo su punto de vista la cristiandad es todavía fuerte en Estados Unidos, en una forma a la que Robert Bellah ha llamado "religión civil". La cristiandad está en declinación en Europa Occidental, principalmente porque las masas mismas han perdido todo interés en la religión, y porque el Estado es esencialmente administrativo y ya no encarna un propósito para la sociedad en general. En Europa Oriental el comunismo ha destruido a la cristiandad tradicional, pero ha erigido en su lugar una contraiglesia. Considero esta relación de la cristiandad más matizada y más fructífera que la de Richard.

La mayoría de los comentaristas teológicos evalúan la cristiandad en términos completamente negativos. Comblin reconoce el uso que la cristiandad hace de la violencia, la tendencia de la Iglesia a alinearse con los poderosos y a ignorar la evangelización, y de la gente para actuar por conformismo más que por convicción. No obstante, insiste en que la Iglesia no eligió la alianza con el poder civil de la cristiandad, sino que se le ofreció la oportunidad. El rehusarla hubiese significado perder la oportunidad de influir en la sociedad en conjunto. Una vez que la cristiandad estuvo en su lugar apropiado, los cristianos podían siempre elegir entre dos enfoques: actuando desde una posición interna de poder, o tomando partido por los pobres. Aquellos que siguen esta dirección demasiado radicalmente, sin embargo, pueden encontrarse condenados por la sociedad como subversivos y por la Iglesia como herejes.

Aunque no saca expresamente esta conclusión, el resultado del punto de vista de Comblin es que de ninguna forma está asegurado que lo que estamos presenciando en América Latina es el fin de la cristiandad. En el caso específico de Nicaragua pudiera ser que el alto nivel del conflicto y el uso de argumentos y símbolos religiosos por parte tanto de los que apoyan la revolución como de los que se le oponen, oscurece un movimiento real más allá de la cristiandad, como argumenta Richard. Me inclino a pensar, sin embargo, que si la revolución se consolida ahí y si ocurren revoluciones en otras partes de América Latina, la cristiandad no desaparecerá simplemente, sino que tomará otra forma.

9. UTILIZANDO EL MARXISMO

OBSERVACIONES SOBRE PRÁCTICA Y TEOLOGÍA

No es fácil sostener una discusión racional sobre marxismo en Estados Unidos. El antimarxismo y el antisovietismo son endémicos en el país en una forma como no lo son en Europa Occidental. Muchos estadunidenses son vehemente, visceralmente anticomunistas, aun cuando nunca se hayan encontrado con un comunista viviente. Para tomar otro ejemplo, hacia 1985 un debate público sobre la política de Estados Unidos respecto a Nicaragua estaba limitado a si el ayudar a los "contras" debilitaría o reforzaría a los sandinistas. Ningún miembro del Congreso osó decir algo positivo sobre el gobierno nicaragüense. Que el gobierno revolucionario de Nicaragua estaba alineado con los soviéticos y era hostil a los intereses de Estados Unidos se dio por sentado. Pocos se dieron cuenta de que ese punto de vista no era compartido prácticamente por ningún otro gobierno occidental, así de estrecha era la opinión pública de Estados Unidos.

Una de las razones principales por lo que la teología de la liberación es de interés más que académico es el hecho de que tiene algún contacto con el marxismo. Para algunas gentes ese hecho termina la discusión. Mi deseo es mostrar aquí en qué consiste ese contacto.

Contrariamente al estereotipo común, los teólogos de la liberación no dedican mucho espacio en sus escritos a discutir directamente al marxismo. Juan Luis Segundo afirma que algunos de los teólogos más conocidos tienen únicamente una "relación educada" con él. Nos viene a la mente Jon Sobrino: en las ochocientas páginas de sus dos obras principales, sobre Cristo y sobre la Iglesia, encuentro nueve referencias a Marx y ninguna a los otros marxistas. En *Una teología de la liberación,* Gutiérrez se refiere a una amplia gama de literatura marxista, pero hay pocas referencias así en sus otras obras. La estructura fundamental de su pensamiento es bíblica.

Sin embargo sería irresponsable de parte de los teólogos de la liberación no abordar el marxismo, ya que está difundido entre los latinoamericanos preocupados con el cambio social. Es tan parte del medio intelectual como lo son los conceptos psicológicos y terapéuticos de la clase media estadunidense. Algunos latinoamericanos hacen de alguna variedad del marxismo su marco básico e incuestionable para entender la realidad (como algunos estadunidenses hacen de la terapia su clave interpretativa). Ninguno de los teólogos de la liberación son marxistas en ese sentido.

Mi objetivo aquí no es convencer a alguien sobre la validez del marxismo, sino simplemente mostrar cómo un uso crítico del marxismo puede tener sentido para los teólogos latinoamericanos. Primero estudiaré los asuntos que surgen del uso del análisis marxista y de la colaboración con marxistas, particularmente en Nicaragua. Terminaré con algunas observaciones sobre puntos de contacto entre la visión marxista y la teología de la liberación.

CÓMO SE USA EL MARXISMO

Para algunos, el marxismo es un conjunto de respuestas muy trilladas. Así, los manuales marxistas tienden a reducir la historia humana a simples etapas y utilizan la lucha de clases para dar explicaciones unidimensionales a realidades complejas. El "pensamiento" marxista se reduce a hacer que la realidad se ajuste a una cuadrícula preexistente.

No obstante, el marxismo puede ser considerado primordialmente como un grupo de preguntas —un método— para entender la sociedad. En el mejor de los casos puede agudizar el análisis personal. Un amigo mío, economista nicaragüense, me describió el efecto revelador que le produjo la lectura de *Imperialismo y dictadura,* un análisis de los grupos económicos de Nicaragua por Jaime Wheelock, un líder sandinista. "Fue como ver una radiografía de mi país", me dijo. Mi amigo estaba indudablemente mejor preparado que Wheelock —había hecho un trabajo de posgrado en economía en el MIT. Sin embargo, el análisis de Wheelock le permitió una penetración genuina.

El marxismo no necesita ser una ideología dogmática de respuestas-para-las-preguntas. Puede servir heurísticamente para hacer más agudas esas preguntas.

Un ejemplo es la práctica del "análisis coyuntural". Cuando los latinoamericanos comprometidos en trabajo pastoral se reúnen para planear sus actividades, a menudo empiezan analizando la coyuntura. La palabra se refiere a un momento o periodo particular —que puede abarcar semanas, meses o aun años— y especialmente la forma en que las fuerzas de la sociedad se alinean e interactúan. Típicamente, examinarán las acciones de las fuerzas armadas, del gobierno, de los grupos empresariales, de los partidos políticos, los sindicatos, los campesinos organizados, los estudiantes, la Iglesia. . . en resumen, toda forma organizada dentro de la sociedad. Pueden también examinar el contexto internacional en la medida que influye en los acontecimientos. Lo que hace diferente esa discusión de una plática cualquiera es el esfuerzo por hacer un análisis metódico y sistemático de las fuerzas en juego. La finalidad es situar las luchas de las fuerzas populares, y los esfuerzos pastorales propios, dentro de un contexto general.

Ese "análisis coyuntural" puede tener propósitos muy prácticos —por ejemplo, determinar si un grupo eclesiástico debería hacer una declaración particular o llevar a cabo una acción determinada. No hay una respuesta "correcta"; los involucrados deben sopesar las circunstancias y decidir cómo actuar. Lo que hace marxista a este "análisis coyuntural" es su uso sistemático del análisis estructural y de clases.

Cito este ejemplo porque los actuales escritos de los teólogos de la liberación a menudo reflejan un alto grado de generalización. Es conveniente recordar que son el resultado de numerosas instancias de análisis y acción a nivel local.

Como he señalado, los teólogos de la liberación prestan sorprendentemente poca atención a la confrontación directa con el marxismo. Una excepción es el documento de 1978 preparado por el grupo de teólogos en Caracas, al que me referí en el capítulo anterior. En el resto de esta sección expondré de nuevo y parafrasearé ampliamente su argumentación, añadiéndole comentarios y ejemplos para aclararla.

Estos teólogos declaran con franqueza que no coinciden con la afirmación de los obispos de Medellín, que describen a América Latina como "atrapada entre" el capitalismo liberal y el marxismo. En la actualidad, tanto capitalismo como socialismo adoptan una gran variedad de formas. Ciertamente, incorporando algunos elementos del socialismo, las "sociedades neocapitalistas" occidentales han satisfecho ampliamente las necesidades básicas de muchos de sus ciudadanos. Sin embargo, no es éste el caso en América Latina.

No analizan la Unión Soviética, pero declaran que el "ateísmo militante, el burocratismo y el totalitarismo" han caracterizado muchas de las encarnaciones del marxismo, trayendo "nuevas opresiones".

Más significativos son los intentos por el socialismo en el Tercer Mundo. Sin mencionar los países por nombre afirman que algunos de ellos "no sólo han satisfecho las necesidades básicas de la mayoría de la gente en forma más justa, sino que han logrado una independencia que es nacional, económica y política... así como han establecido formas de vida y de participación cívica que manifiestan una mayor solidaridad y libertad".

Una comparación puede servir para ilustrar lo que quieren decir. Brasil tiene un ingreso per cápita mayor que Cuba, y un nivel de industrialización mucho más sofisticado. Sin embargo en Cuba no hay el hambre que está tan extendida en Brasil. Algunos podrán admitir a regañadientes que quizás hay un intercambio entre la satisfacción de las necesidades materiales de la gente y el establecimiento de libertades democráticas. Lo que estos autores están diciendo, sin embargo, es que para la mayoría de la gente de Brasil, lo que la ideología dominante llama libertad es una ilusión. Cuba y otros países socialistas, aun cuando no tienen partidos políticos que compitan en las elecciones, pueden tener formas de participación que sean genuinas. Más aún, puede ocurrir que cambios revolucionarios auténticos se puedan lograr únicamente a través de lo que algunos llaman un régimen autoritario.

En otras palabras, más que detenerse en un análisis del intercambio en la relación entre las necesidades básicas y la libertad, critican las nociones convencionales de libertad. En todos sitios hacen notar que algunas de las formas de "libertad" son en realidad una "farsa"; simplemente cubren la libertad de unos cuantos para que mantengan su riqueza, derivada de la explotación. Específicamente mencionan las leyes represivas en Brasil y El Salvador (escriben en 1978) como ejemplos de cómo la mayoría pobre no goza de libertad real.

En cualquier caso, estos teólogos, como muchos otros latinoamericanos, están convencidos de que los futuros intentos para crear un nuevo tipo de sociedad no necesitan copiar los modelos existentes, como el de Cuba, sino que pueden crear algo nuevo. Propugnan un tipo de "discernimiento" que llevará a una "sociedad [...] más justa" con el menor grado de improbabilidad.

Hacen juicios bastante severos de muchas organizaciones socialistas existentes, refiriéndose principalmente, supongo, a los partidos comunistas ortodoxos. Hablan de su rígida ortodoxia, de su mesianismo, de su oportunismo, y de sus infinitas divisiones en cuanto a ideologías y programas. Ven más razones de esperanza en las organizaciones más nuevas. Supongo que están pensando en los sandinistas y en otras organizaciones que se están desarrollando en Centroamérica.

Dedican considerable atención a la cuestión de "convergencias" y tensiones entre marxistas y cristianos. Por "marxistas" obviamente quieren decir gente para quienes el marxismo proporciona un marco de referencia básico y puede hasta considerarse como un tipo de fe. Muchos cristianos son marxistas en el sentido más limitado de que utilizan algunos conceptos marxistas.

Hay todavía mucha resistencia para esas convergencias en ambas partes. Por ejemplo, algunos creyentes se apegan a la idea de que la fe cristiana puede proporcionar de alguna manera una visión global o un modelo sobre cómo organizar la sociedad. No pueden ver que una revolución debe juzgarse por cómo satisface las necesidades humanas. Algunos cristianos temen ser usados o manipulados por los marxistas, mientras que otros temen o consideran en forma romántica a las masas. Sin embargo, las organizaciones revolucionarias tienden a absolutizar sus posiciones. Su teoría —p. ej., sobre el papel del proletariado— puede cegarlos respecto a la gente real y a los grupos de una sociedad.

Éstas son justamente algunas de las resistencias para una colaboración genuina entre cristianos y marxistas.

Estos teólogos no consideran que una futura sociedad justa sea un fin que se pueda alcanzar de una vez por todas en un momento dado más adelante. Más bien creen que debemos pensar en ella como una "utopía y un concepto límite que puede despertar las mejores energías humanas individuales y colectivas con las que lograr las aproximaciones más cercanas a esta utopía". Esas aproximaciones, sin embargo, son "frágiles y están siempre amenazadas por la corrupción y la regresión".

Esta lucha por la utopía revela otro paralelo o convergencia entre marxistas y cristianos. Por una parte está un humanismo absoluto que lucha por una utopía semejante a través de realizaciones que siempre son sólo relativamente mejores que lo que ya existe, y por la otra hay una nostalgia de Dios que está siempre más allá de los logros humanos y que siempre pide más. La utopía marxista de una sociedad sin clases y la convicción cristiana de un Dios trascendente apuntan ambas más allá de cualquier logro humano.

He citado este análisis con alguna extensión porque creo que proporciona una buena explicación de cómo ven muchos cristianos la "convergencia" con los marxistas.

CRISTIANOS Y SANDINISTAS

El tipo de convergencia que acabamos de describir se convirtió en un asunto central con el derrocamiento de la dictadura de Somoza y el establecimiento de un gobierno revolucionario en Nicaragua en 1979. Aunque los líderes revolucionarios normalmente se refieren a su ideología como sandinismo, no niegan que es un tipo de marxismo y aun de leninismo. La participación de los cristianos, incluyendo a sacerdotes, en el gobierno ha sido un punto de controversia desde 1979.

Nicaragua puede considerarse un caso prueba de la colaboración entre cristianos y revolucionarios marxistas. Sin embargo, antes de abordar esa cuestión haré notar la manera en que aquellos que se oponen a los sandinistas presentan la revolución y la participación de los cristianos en ella. Insisten en que desde el principio lo más profundo del Frente Sandinista ha estado formado por marxistas-leninistas duros ligados a la Unión Soviética. No obstante, hacia finales de los años setenta los sandinistas descubrieron la utilidad de unirse con la clase media y con los elementos eclesiásticos. Cuando Somoza fue derrocado, no perdieron tiempo para esclarecer su verdadero fin, ganando el control total sobre Nicaragua. Han convertido al ejército y a la policía de su nación en su propio ejército y policía. Han censurado la prensa y han empleado la intimidación y la violencia contra sindicatos independientes y grupos de profesionales. Son culpables de violaciones a los derechos humanos en gran escala, especialmente contra los indios miskitos. Han usado la intimidación y la fuerza contra las fuerzas independientes de la Iglesia, y al mismo tiempo han cultivado un pequeño grupo de sacerdotes y otros llamados la "Iglesia popular" que les han sido muy útiles, especialmente para engañar a la opinión pública mundial. Cuando el papa llegó a Nicaragua en marzo de 1983, las turbas sandinistas lo insultaron. La verdadera Iglesia católica puede encontrarse en el cardenal Obando y otros obispos, en la mayoría del clero y de los religiosos, y en las masas de nicaragüenses, que son católicos leales.

No me propongo responder punto por punto a esa letanía de acusaciones. Más bien, me gustaría bosquejar cómo se presenta esa situación a los ojos de los cristianos que han optado por trabajar dentro de la revolución de Nicaragua.

Primeramente, esta gente cree que algo nuevo está ocurriendo en Nicaragua —por vez primera hay cristianos participando significativamente en un movimiento popular revolucionario, no sólo en derrocar el antiguo poder, sino en intentar hacer cambios básicos en la sociedad.

El Frente Sandinista de Liberación Nacional (FSLN) es una organización revolucionaria como aquellas que han conducido otras revoluciones históricas (Rusia, China, Argelia, Vietnam, Cuba, Mozambique, Angola, etc.). Su ideología es un tipo de marxismo, pero también tiene un fuerte empuje nacionalista que le viene de la figura y las ideas de Augusto César Sandino. El marxismo sandinista no es altamente teórico —un sacerdote me hizo notar que no conocía ni cinco nicaragüenses que hubiesen leído a Hegel.

Aunque están influidos por revoluciones de otras partes, especialmente de Cuba, los sandinistas no han importado modelos. Su independencia de Cuba puede verse en el enfoque del alfabetismo, de los servicios médicos, y particularmente de la economía mixta —que no es simplemente una táctica a corto plazo sino un reconocimiento a largo plazo de la realidad económica— y de su pluralismo político, limitado pero real.

Los cristianos que están comprometidos con la revolución han optado por ella porque creen que es el vehículo que hará justicia a los pobres. La revolución en sí misma no requiere de justificación teológica. No la pintan como el Reino de Dios en la tierra, sino simplemente como un paso modesto pero real hacia una sociedad más justa y más humana.

Su posición no es de apoyo sin reservas. Desde el principio los cristianos involucrados en la revolución han buscado aplicar los tipos de criterio bosquejados en el documento de Caracas a la situación en Nicaragua. Por lo tanto, han subrayado la necesidad de austeridad y disciplina, y han advertido que, como cualquier grupo dirigente, el FSLN corre el riesgo de confundir su propia posición con el deseo del pueblo.

En marzo de 1981, en el primer aniversario del asesinato del arzobispo Óscar Romero de El Salvador, un grupo nicaragüense llamado "Cristianos para la Revolución" publicó un documento titulado "Retos a la revolución". Este documento fue inmediatamente una expresión de apoyo para el proceso revolucionario general y una crítica de las fallas, como la creciente burocracia, la falta de austeridad de parte de algunos de los líderes, maltrato de individuos en la Costa Atlántica, etc. Después de dos meses de discusión a nivel local, los cristianos se reunieron para una conferencia en la Universidad de Centroamérica (jesuita) para una discusión más profunda. Cada una de las siete objeciones fue expresada por un cristiano y un representante del FSLN. Posteriormente, dirigentes sandinistas como Tomás Borge empezaron a incorporar algunas de estas críticas a sus propios discursos. Todo el ejercicio fue un ejemplo de lo que significaba para esos grupos cristianos el apoyo crítico para la revolución.

Nótese que la llamada "Iglesia popular" en Nicaragua no es una organización separada. El término mismo proviene originalmente de Brasil (véase el capítulo 4) y es originalmente teológico. Se refiere al fenómeno de la Iglesia arraigándose en una forma nueva entre los pobres. Se asocia con las comunidades de base cristianas pero no se limita a ellas. En Nicaragua, los revolucionarios cristianos generalmente evitan el término "Iglesia popular". Considero que es especialmente engañoso para los periodistas juzgar la fuerza de los cristianos revolucionarios y de los aliados a la jerarquía contando la gente que asiste a las misas celebradas por el arzobispo Obando y otros en parroquias "revolucionarias".

Desde mediados de los ochenta los obispos nicaragüenses han desempeñado un papel de oposición en Nicaragua. El cardenal Obando en particular en un punto de reunión. Frecuentemente critica al gobierno por violaciones a los derechos humanos, aunque nunca ha criticado a los "contras", cuya forma de terrorismo contra la población civil está bien documentada.

El gobierno ha tomado medidas contra el personal de la Iglesia, a veces expulsando sacerdotes; ha limitado la exposición de la Iglesia a los medios de comunicación; y a mediados de 1986 cerró la estación católica de radio. Estas acciones fueron oficialmente una respuesta a las violaciones de la ley. Los sandinistas consideran que la jerarquía católica desempeña un papel importante en el esfuerzo orquestado por Estados Unidos para derrocar a la revolución. Consideran sus acciones como reacciones legítimas al hecho de que los obispos utilicen a la Iglesia con propósitos políticos —contrarrevolucionarios— manifiestos.

Sin embargo, muchos católicos nicaragüenses apoyan la revolución, y la relación entre cristianos y sandinistas puede ser un momento decisivo en la historia de las revoluciones. En un comunicado oficial de octubre de 1980, en el que se bosquejaba su posición respecto a la religión, el FSLN declaró que aunque algunos escritores, reflejando las condiciones de su época, han visto a la religión como un mecanismo de alienación, esa no era su experiencia. En otras palabras, rechazaban la posición de Marx de que la religión es inevitablemente un narcótico. Además, declararon que nadie podía ser excluido del partido sandinista por prácticas religiosas. En esta forma rompían con la práctica oficial de todos los gobiernos marxistas en el poder. A este respecto, Nicaragua parece estar influyendo en forma significativa sobre Cuba, que ha seguido el patrón marxista estándar de no permitir a los creyentes practicantes ser miembros del partido comunista. La Iglesia católica, por su parte, sirvió ampliamente de refugio para todos aquellos que se oponían a la revolución. En 1985 Fidel Castro y los obispos católicos tuvieron sus primeros encuentros formales. La publicación masiva (350 000 ejemplares) de *Fidel Castro y la religión,* una serie de entrevistas entre Castro y el dominico brasileño Frei Betto, fue otra señal de que estaba ocurriendo un cambio importante.

DIÁLOGO CON LA TEORÍA MARXISTA

Ya he señalado que los teólogos latinoamericanos sorprendentemente dedican poco espacio a una discusión frontal del marxismo. En parte la razón de ello puede ser la prudencia, ya que sólo mencionar al marxismo sin condenarlo claramente puede acarrear problemas. Creo que la razón principal es que los teólogos de la liberación aceptan una especie de división del trabajo en la que su asunto principal es la teología, no la teoría social.

No obstante, terminaré este capítulo con algunos ejemplos de esa discusión directa.

El ex jesuita mexicano José Porfirio Miranda atrajo considerable atención con *Marx y la Biblia,* publicado originalmente en 1971. Entre un cúmulo de erudición, su punto central es simple, a saber que el centro del mensaje bíblico es que la acción de Dios (en Israel y en Jesucristo) es instaurar la justicia entre los seres humanos, y en ello coinciden Marx y la Biblia. Más adelante insiste en que desde los primeros tiempos los cristianos han fracasado en entender este mensaje porque han leído la Biblia a través de anteojos distorsionados. Destaca el centro moral de Marx y encuentra las "raíces evangélicas" de su pensamiento, al que considera una "continuación consciente del cristianismo primitivo".

Otros han hecho argumentaciones semejantes, aunque quizás con menor intensidad. No obstante, en posturas como la de Miranda detecto una carencia implícita de sentido histórico. En otras palabras, me parece algo esencialista el considerar que las Escrituras contienen un "mensaje" —y sólo uno—, el de justicia interhumana y liberación. Si el verdadero significado de ese mensaje ha sido descubierto hasta ahora, el cristianismo histórico ha estado equivocado durante dos mil años. Me parece más plausible ver las Escrituras —como cualquier texto— como abiertas a una variedad de interpretaciones, algunas de las cuales serán desarrolladas únicamente cuando la sociedad humana haya alcanzado ciertas condiciones. El apóstol Pablo, por ejemplo, habló del cristianismo como terminando con distinciones entre esclavo y libre, hombre y mujer. Sin embargo no criticó la esclavitud como institución, y su pensamiento está lleno de imágenes y suposiciones patriarcales. Hasta siglos recientes era imposible concebir una actividad humana consciente para modificar o aun destronar instituciones en la sociedad. Una lectura liberadora de las Escrituras no sólo puede sino que debe ser diferente de una hecha en el siglo I.

Para llegar a un tipo de contacto diferente con el marxismo, intuitivamente algunos teólogos y trabajadores pastorales han visto la sociedad existente como practicante de la idolatría, ya que la riqueza de unos pocos prevalece sobre la vida de los seres humanos. Franz Hinkelammert, un alemán que ha trabajado durante veinte años en América Latina, y el brasileño Hugo Assmann han adoptado el concepto marxista de fetichismo para dar cuerpo a esta idea.

Hinkelammert sigue el análisis que hace Marx del fetichismo en *El capital.* En un principio los seres humanos produjeron "valores de uso" para su propia subsistencia, por ejemplo, cosecharon para comer. Sin embargo, en un momento dado empezaron a producir bienes por su "valor de cambio". En ese punto empieza el fetichismo: los seres humanos son dominados por los bienes que producen. Los bienes se han vuelto "sujetos" aparentemente actuando por sí mismos (p. ej., el café "bailando" en los mercados mundiales), mientras que los seres humanos se convierten en objetos. A aquellos que producen los bienes —los trabajadores– se les impide organizar cómo serán divididos y distribuidos. Las cosas sólo empeoraron con el "fetichismo del dinero" y el "fetichismo del capital". *Las armas ideológicas de la muerte* de Hinkelammert es una feroz crítica del fetichismo en pensadores como Max Weber, Milton Friedman y Karl Popper.

Tanto Assmann como Hinkelammert destacan que el análisis de Marx del fetichismo utiliza imágenes religiosas. Así, el mismo dinero es frecuentemente un "dios", o una divinidad, o un ídolo, o Mammón. Marx ve al capital como Moloc, el ídolo que demanda sacrificios humanos.

Assmann argumenta con firmeza que éstas no son simplemente figuras literarias y que el fetichismo es una categoría esencial para entender al capitalismo. El mundo se vuelve al revés y la realidad se oscurece. La gente no puede ver la esencia de los fenómenos sociales, sino únicamente su apariencia.

> Las cosas mueven a las personas, ya que el fetichismo ha cambiado las cosas en sujetos y los sujetos en cosas. Marx llama a esta característica básica del capitalismo el "*quid pro quo* religioso"... Al hacer fetichista la realidad, el sistema capitalista es por su misma naturaleza idólatra.

Las revoluciones son necesariamente "ateas", ya que equivalen a una apostasía de los ídolos entronizados que son destronados. Assmann concluye que "así como no hay fe en el Dios de Vida sin dejar a un lado los ídolos que matan, tampoco hay revolución social sin dejar a un lado a los fetiches que legitiman y mantienen la opresión; esto es, no hay revolución sin 'fe' en la lucha por la vida y sin la organización de las esperanzas humanas".

Assmann y Hinkelammert creen que el fetichismo es central en la crítica de Marx al capitalismo y que la presencia de imágenes religiosas no es accidental. Consideran esta crítica como una herramienta necesaria para desenmascarar los ídolos de la actualidad.

10. DIOS DE VIDA

LA VISIÓN RELIGIOSA DE LA TEOLOGÍA DE LA LIBERACIÓN

En el centro de la teología de la liberación hay una espiritualidad, una visión religiosa. Es una experiencia de Dios dentro del sufrimiento y la lucha de los pobres. La teología que se ha escrito es un intento por explicar —y a veces por defender— esa experiencia y visión religiosas.

Esta exposición principió con la "opción por los pobres" y algunas descripciones del tipo de lectura bíblica que se lleva a cabo en las comunidades de base cristianas. Capítulos más recientes se han concentrado más en cuestiones ideológicas e institucionales. Aun las cuestiones aparentemente más arcanas se han relacionado con los pobres y su lucha por una sociedad más justa. Los latinoamericanos pobres pueden no entender un análisis del tratamiento que da Marx al fetichismo en *El capital,* pero pueden entender a un Dios de vida y pueden comprender cómo las fuerzas de la muerte están encarnadas en realidades aparentemente sagradas, como la propiedad privada.

Consideraré aquí algunas de las principales preocupaciones teológicas en América Latina. Algunos de estos temas han sido tratados antes, particularmente en el capítulo 3.

DIOS DE VIDA E ÍDOLOS DE MUERTE

Teología es teo-logía: discurso sobre Dios. Recuerdo haber quedado impresionado por una observación de Jon Sobrino en El Salvador. Dijo que muchos teólogos parecen estar escribiendo sobre teología —de aquí las muchas referencias a otros teólogos— más que sobre Dios. La siguiente vez que tomé una de sus obras me impresionó lo directo y la inmediatez con que hablaba de Dios.

En Estados Unidos y Europa el "problema de Dios" es esencialmente cómo se puede creer en Dios. Ciertamente, mucha gente aún siente consuelo y encuentra significado en las formas tradicionales de cristianismo, como los aproximadamente treinta millones o más de fundamentalistas en Estados Unidos. No parecen tener "problema de Dios". Pero para muchos la creencia tradicional parece altamente problemática. ¿No es el cristianismo simplemente una de las muchas proyecciones humanas? ¿Cómo puede alguien creer en un Dios que puede tolerar los campos de la muerte nazis? ¿Qué diferencia hay en creer o no? Aun los mismos teólogos se hacen estas preguntas en Europa y en Norteamérica.

La situación en América Latina es muy diferente. En primer lugar, la incredulidad no es un problema pastoral difundido, exceptuando entre pequeñas élites. La gente común, los pobres, siguen creyendo en forma más o menos tradicional. Esa situación, por supuesto, puede cambiar. La religión, y específicamente el catolicismo romano, tiene un papel público más amplio en América Latina que en Europa o aun en Estados Unidos, donde el papel de la religión es más difuso. Durante los años setenta, los dictadores militares estaban más dispuestos a tomar parte en actos públicos como dedicar su nación al Sagrado Corazón o a la Virgen María. Llevado al extremo, la gente puede ser torturada y asesinada en nombre del Dios cristiano. De aquí que, en un sentido pastoral y teológico, la "cuestión de Dios" se vuelve no si existe un referente al término "Dios", sino a qué Dios se refiere.

Aquí los teólogos han retomado un antiguo tema bíblico, el de la "idolatría". Muchos pasajes en la Biblia hebrea son polémicas contra los dioses de los pueblos vecinos. El Dios mosaico contrasta agudamente con esos otros dioses, algunos de los cuales hasta demandan sacrificios humanos. Está asociado con actos de liberación: el éxodo de Egipto y la llegada a una nueva tierra. Los eruditos bíblicos señalan el contraste con los rasgos de los dioses vecinos. Éstos son divinidades cósmicas, mientras que él es el Señor de la historia humana. Ellos están ligados a las cortes reales, con su sacerdocio, sus ejércitos y sus sistemas de tributación, mientras que el Dios hebreo está asociado con un grupo de esclavos, que más tarde vivieron como una confederación de tribus. Aquellos demandaban rituales elaborados, mientras que él pide justicia y buena conducta.

Sin embargo, eso es algo así como una representación ideal, ya que en la práctica la sociedad hebrea tomó algunas de las características de los pueblos vecinos. Con Saúl, David y Salomón, Israel se convirtió en una monarquía. En teoría, el rey tenía que proteger a los pobres; sin embargo en la práctica Israel tenía una corte real, un sacerdocio y ejércitos, y alternativamente iba a la guerra y hacía alianzas con los reinos vecinos. Es el fracaso de Israel para cumplir con su llamado original lo que acelera el surgimiento de la profecía.

En general la religión bíblica es una reacción contra la visión mitológica, la cual ve las cosas —tanto en el cosmos como en la cultura humana— como dadas y como parte de un orden divino que cubre todo como bóveda. Estando atada a un "eterno retorno" simbolizado en las estaciones, la adoración refuerza una imagen de toda la realidad como ya fijada. En contraste, el modelo bíblico es histórico: la relación de Israel con Yahvé es el resultado de una serie de actos de liberación. Una metáfora básica es la de un viaje —un éxodo— hacia un punto futuro. La cultura humana es desdivinizada y descosmizada, liberando así al pueblo para que solucione su propio futuro, siempre en concordancia con los deseos de Dios. En el Nuevo Testamento la idolatría se refiere no tanto a prácticas religiosas como a la búsqueda de dinero, poder o placer.

Los teólogos latinoamericanos han desempolvado la categoría de idolatría y la han hecho central en su teología como una tendencia constante. En Puebla los obispos dicen que la gente cae en la esclavitud "cuando diviniza o absolutiza la riqueza, el poder, el Estado, el sexo, el placer, o cualquier cosa creada por Dios —inclusive su propio ser o la razón humana. Dios mismo es la fuente de la liberación radical de todas las formas de idolatría..." Los obispos citan a Jesús: "No podéis servir a Dios y a las riquezas" (Lucas 16:13). El poder político puede ser también divinizado cuando se convierte en absoluto. El uso totalitario del poder "es una forma de idolatría". Como los dioses antiguos, como Moloc, que demandaba sacrificios, a veces de seres humanos, los ídolos modernos también demandan vida.

La idolatría no es simplemente un tema del Antiguo Testamento. Examinando los relatos del Evangelio, Jon Sobrino encuentra que Jesús revela y defiende a un "Dios de vida" y se empeña en la lucha contra falsas divinidades. El mensaje de Jesús es que son el pobre y el paria los invitados al Reino, y sus gestos de acoger a los enfermos, los recaudadores de impuestos y las prostitutas desatan controversia y oposición. Jesús tiene duras críticas para las élites: los ricos, los sacerdotes, los fariseos, los escribas y los gobernantes. Generalizando los casos particulares, Sobrino asegura que en las controversias, y más allá de las disputas sobre la ley, hay un conflicto entre un Dios de vida y las divinidades que traen la muerte. "El sábado ha sido instituido para el hombre y no el hombre para el sábado." Jesús desenmascara el uso del símbolo de Dios para dar muerte a otros, y ésa es la razón por la que es sacrificado.

Jesús no está defendiendo simplemente un grupo de ideas sobre Dios en contra de otro, sino que está defendiendo al Dios de vida. Sobrino no saca esta conclusión explícitamente, pero queda claro que algo similar puede suceder aún, esto es, que alguno puede invocar al Dios cristiano para quitar la vida a otro ser humano. En ese caso una lucha por el verdadero Dios de vida no sólo estará justificada, sino que hasta será necesaria.

En un punto Sobrino cita las palabras de San Irineo (200 d.C.) : *"Gloria Dei, vivens homo"* ("La gloria de Dios es el ser humano vivo"). El arzobispo Romero hizo comentarios sobre estas palabras en más de una ocasión, probablemente inspirado en Sobrino, quien trabajó en El Salvador. Por otra parte, la percepción de Sobrino de un conflicto entre el Dios de vida y las divinidades de la muerte en el Evangelio estaba estimulada indudablemente por la lucha de Romero y los demás en favor de los campesinos, y en la seguridad con que los poderosos usaban la violencia para defender la civilización "cristiana".

Sobrino llega hasta a dar un giro al concepto tradicional de la trascendencia de Dios. Ordinariamente, trascendencia, el "más allá" de Dios, se contrasta con inmanencia, la presencia de Dios "dentro" de la experiencia y la realidad humana y terrenal. Un enfoque común es el tratar de "equilibrar" ambos aspectos. Los teólogos de la liberación son acusados frecuentemente de ignorar la trascendencia, de caer en el "horizontalismo" —esto es, de estar demasiado preocupados por lo terrenal y carecer de suficiente dimensión "vertical".

Efectivamente, Sobrino rehace la discusión, afirmando verdaderamente que Jesús la rehizo. El amor preferencial de Dios por los pobres introduce una tensión dentro de la historia humana entre lo que es y lo que debería ser. "Y la historia que se genera cuando uno intenta vivir según el amor de Dios se trasciende a sí misma, y es por lo tanto una mediación de la trascendencia de Dios." De acuerdo con la noción tradicional. Sobrino dice que Dios es siempre mayor que cualquier comprensión humana o aun que cualquier habilidad humana para concebirlo. Pero lejos de ser una razón para el quietismo (si Dios está totalmente "más allá", ¿por qué se va a molestar en actuar dentro de la historia humana, ya que ésta es finalmente insignificante?) debe ser un impulso para hacer efectivo al amor dentro de la historia humana.

Sobrino y otros teólogos han buscado presentar una cristología pastoralmente adecuada. En las iglesias tradicionales uno puede encontrar estatuas y pinturas sangrantes de un Jesús sufriente, pero muy pocas de Jesús en la gloria. La gente organiza grandes representaciones en las que se repite el Viernes Santo, o procesiones con los participantes vestidos de púrpura penitencial y cargando pesadas imágenes de santos. Sin embargo la Semana Santa parece terminar ahí, con Jesús en la cruz. Los pobres encuentran un verdadero consuelo en saber que Jesús sufrió antes que ellos. Buscando explicar el significado de la muerte de Jesús "por nuestros pecados", la teología tradicional católica parecía afirmar que la crucifixión era el precio que Dios exigía por el pecado.

Como reacción puede haber un énfasis fácil sobre la resurrección, o a veces sobre todo el ciclo de encarnación-muerte-resurrección, que quita dureza a la muerte de Jesús. Los teólogos latinoamericanos no han buscado un "equilibrio" superficial, sino que más bien han intentado ver la relación entre la forma en que vivió Jesús, su muerte y la resurrección.

La muerte de Jesús es un producto directo de su vida y de su misión. Fueron su predicación y sus actos los que le crearon esos enemigos que finalmente determinaron que muriera. Su predicación era una crítica radical a los que detentaban el poder. No era un llamado revolucionario a la resistencia organizada, como por ejemplo el de los zelotes, una secta que luchaba por la independencia del dominio romano. Los teólogos de la liberación no han intentado rehacer a Jesús como un revolucionario social. Un intento semejante sería no histórico y realmente anacrónico. Sin embargo, el mensaje de Jesús contiene la semilla de una crítica sobre cualquier uso del poder que pueda acarrear la muerte a los seres humanos.

La muerte de Jesús fue un hecho real en la historia, el producto de su propia decisión humana y de las decisiones de otros. No estaba simplemente actuando un guión ya escrito, como pueden llevar a creer algunas nociones tradicionales.

Su sufrimiento estuvo compuesto de genuina agonía por el abandono, no sólo de sus discípulos, sino hasta de Dios, su Padre. No sólo lo estaban matando, sino que hasta parecía que el Reino que había predicado no se alcanzaría. Su respuesta fue mantener la fidelidad hasta el fin.

En la cruz Dios toma el sufrimiento humano, se vuelve él mismo un "Dios crucificado". La cruz rompe con cualquier idea de Dios. Revela el significado más profundo del sufrimiento humano, particularmente el injusto sufrimiento de los pobres.

La resurrección es la reivindicación que hace Dios de Jesús y de su mensaje, y es la base para una nueva vida de fe. El Dios de vida triunfa sobre las fuerzas —los dioses— de la muerte. Además, en la resurrección la verdadera historia humana de la vida y muerte de Jesús pone en movimiento más historia, a medida que el pueblo busca vivir la nueva vida.

Los párrafos precedentes son una versión condensada de los principales temas cristológicos en América Latina. Mucha gente, generalmente gente pobre, ha tomado a pecho esta imagen de Jesús. Se sienten a gusto con sus palabras en la Escritura, y ven este esquema de vida-muerte-resurrección como un esquema de su propia vida. Señalan pequeños logros en su propia comunidad como ejemplos del Reino, o como una nueva vida de resurrección. La propia vida de Jesús —histórica en su tiempo— se vuelve histórica en ellos.

La teología latinoamericana tiende a ser muy cristológica, muy centrada en Cristo, empezando con la humanidad de Jesús de Nazaret. Ésta es una reacción contra un antiguo enfoque en Dios, concebido en términos ampliamente metafísicos, y en Jesús "a la vez Dios y hombre", muy alejado de la experiencia humana.

Un enfoque semejante puede conducir a una visión unilateral, que algunos han llamado "Cristo-monismo", cuyos efectos pueden verse en la historia de la Iglesia y en toda la historia y la cultura occidentales. Por ejemplo, el estilo imperial de la Iglesia católica está justificado por la noción de que es la "continuación de Cristo encarnado en el mundo". Una teología adecuada del Espíritu Santo señalaría en una dirección diferente. Comblin ha escrito extensamente sobre la necesidad de entender la misión del Espíritu Santo, un espíritu de novedad y diversidad en la historia.

REINO E IGLESIA

La teología de la liberación articula una experiencia de Dios en el pobre que tiene lugar en la Iglesia. Desde el inicio ha sido fuertemente "eclesial" (del griego *ekklésia*) —esto es, tuvo un fuerte enfoque en la Iglesia.

"La Iglesia no es el Reino; está para servir al Reino." Esta sentencia es una especie de principio primordial en la eclesiología latinoamericana. Los Evangelios muestran a Jesús predicando no a sí mismo, sino el Reino de su Padre. Durante siglos, sin embargo, la Iglesia se ha predicado a sí misma como la depositaria de la gracia de Dios y de la verdad, confiada a ella por Jesús. La imagen de Jesús como monarca celestial —una imagen reforzada por jerarcas en hábitos cortesanos— era parte de la misma convicción.

Actualmente la mayoría de los teólogos no consideran a Jesús como "fundando" la Iglesia al encomendar a Pedro las llaves del Reino. Cualquiera que haya sido la conciencia de Jesús cuando murió —y es muy posible que ante el aparente fracaso de su misión sólo confiara en Dios—, la misma Iglesia creció de un movimiento de Jesús que surgió inmediatamente después de su resurrección. Las Escrituras son los recuerdos de sus seguidores durante las primeras décadas.

El Vaticano II habló mucho de la Iglesia sirviendo "al mundo". El énfasis latinoamericano, esto es el servir al Reino, da algún sentido sobre lo que debe ser ese servicio. El Reino es una situación en la que la gente puede vivir junta como hermanos y hermanas. Como tal es una utopía, pero una utopía que impulsa a la gente a trabajar aquí y ahora por "realizaciones parciales" de ese Reino. Así, los cristianos de Nicaragua que están comprometidos con la revolución no creen que ella —o cualquier forma de organización en la sociedad— sea el Reino. Sin embargo, creen que en verdad ofrece la posibilidad de un tipo más real de solidaridad entre la gente y es por ello una "aproximación" modesta pero real del Reino.

La implicación pastoral práctica es que la Iglesia encuentra su razón de ser no en ella misma, sino en la comunidad que debe servir. Para la institución de la Iglesia total, esto significa que su criterio no deberá ser simplemente lo bien que le esté yendo institucionalmente. Para tomar nuevamente el caso de Nicaragua, su criterio no debe ser qué tan bien lo están haciendo las escuelas católicas, o cuánto poder o prestigio tiene la Iglesia como institución bajo la revolución, sino qué es lo que sirve al Reino. En forma similar, a nivel del barrio o del pueblo, la preocupación de la comunidad de base no debe ser primordialmente cómo atraer más miembros, sino cómo servir a toda la comunidad. Éste no es un punto ocioso, ya que dichos grupos, como las sectas, tienen la tentación de tomar una actitud de dentro-del-grupo/fuera-del-grupo y hasta un tono moralizante hacia los que no se le unen o los que quizás "apostatan".

Los teólogos de Caracas que ya hemos mencionado expresan este punto con un lenguaje diferente. Dicen que lo más importante es la "eclesialidad primaria", a la que definen como "la verdadera vida de los cristianos hombres y mujeres que saben que forman un pueblo y se unen solidariamente, un pueblo que tiene una misión en y para América Latina, y que han encontrado su identidad última volviéndose una Iglesia para los pobres". De ahí surge una "eclesialidad secundaria", a saber una "orgánica configurándose de la Iglesia de los pobres en estructuras que son doctrinales, sacramentales, administrativas y jerárquicas".

No abogan por algún tipo de Iglesia no institucional o antiinstitucional, ni rebelde o paralela. La experiencia ha demostrado que las estructuras son necesarias. En lo que insisten es en que las estructuras y procedimientos de la Iglesia, aun los sacramentos y el culto, toman su significado de la experiencia esencial de Dios entre los pobres, y no al revés.

Las dos imágenes principales de la Iglesia que surgieron del Vaticano II fueron las del "pueblo de Dios" y el "sacramento". "El pueblo de Dios" es, claro está, la imagen bíblica del pueblo hebreo en éxodo. Con la noción de un viaje —esto es, algo inacabado y abierto— era claramente un correctivo a la pretensión de la Iglesia católica romana de ser la poseedora de la verdad y de la gracia. Su dinamismo igualitario era también un correctivo a la noción piramidal de autoridad, en la que los de arriba —papa, obispos y sacerdotes— son de alguna manera "más" Iglesia que los creyentes ordinarios. Lo que la teología latinoamericana ha añadido es la noción de *el pueblo de los pobres*. Si la Iglesia debe ser el "pueblo de Dios", no es en un sentido indiferenciado, sino en el de pueblo de los pobres con el que Dios se solidariza.

"Sacramento" significa "misterio" y "señal". La formulación ahora clásica del Vaticano II es que, por su relación con Cristo, la Iglesia es "una especie de sacramento o señal de la unión íntima con Dios, y de la unidad de toda la humanidad". Nuevamente, la implicación es que la Iglesia no existe sólo para ella misma, sino para toda la humanidad. Su función es ser una especie de señal de la presencia y del designio de Dios para la humanidad. Los teólogos latinoamericanos han especificado además que la Iglesia está llamada a ser una señal de liberación en la historia.

En otra parte he descrito algunas de las actividades de la Iglesia en América Latina. Además del trabajo pastoral en comunidades pequeñas, la Iglesia ha utilizado sus recursos institucionales para ayudar y defender a las víctimas de la represión, ha documentado y denunciado violaciones a los derechos humanos y ha criticado públicamente modelos de desarrollo. Jon Sobrino pregunta cómo deben entenderse los diversos servicios que proporciona la Iglesia, y qué tienen en común. Responde que es "ser testigos de la vida". Los cristianos deben dar testimonio de la mediación de Dios en Jesús, no en alguna esfera religiosa dividida en compartimientos, sino en la vida entera. Ello implica luchar contra la injusticia. "Dar testimonio de Dios el Creador necesariamente se convierte en dar testimonio de Dios el Liberador."

Esto es aún más cierto puesto que las "estructuras reinantes —el capitalismo y la seguridad nacional en sus muchas formas— operan como verdaderas deidades con características divinas y culto propio. Son deidades porque reclaman características que también pertenecen a Dios: lo absoluto, lo definitivo y lo intocable. Tienen su propio culto porque demandan el sacrificio diario de la mayoría y el sacrificio violento de los que se les oponen."

En este contexto el servicio de la Iglesia consiste en "la humanización progresiva del ámbito humano en todo nivel y en toda situación".

Algunas de estas ideas generales sobre la Iglesia se unen en la experiencia de la eucaristía. La comunión se celebra tanto en un círculo pequeño de personas de la comunidad de base como en reuniones mayores. Exteriormente, puede verse totalmente humilde: campesinos, quizás descalzos, gente que no tiene ningún poder en la sociedad. Juntos repiten las acciones de Jesús y él está presente en medio de ellos en una comida. Esa comida es a la vez lo que Jesús pidió —"Haced esto en memoria de mí"— y una prenda de lo que Dios promete, un banquete de bodas para todos. Escuchan las Escrituras y ven su propia experiencia reflejada.

Un ejemplo de lo importante que es la eucaristía para algunos proviene de Guatemala. A mediados de los ochenta, después de que dos sacerdotes fueron asesinados y el obispo escapó de una emboscada, todos los sacerdotes y las hermanas abandonaron la diócesis de Quiché. La represión del ejército aumentó hasta el punto que los asesinatos en masa se volvieron rutina. Durante este tiempo los catequistas viajaban muchas millas entre montañas hasta diócesis vecinas para recibir el pan consagrado y llevarlo consigo escondido quizás entre tortillas, para la comunión en sus aldeas.

La comunión era un signo de esperanza y de resurrección, que los ayudaba a resistir y a luchar por una vida más plena.

11. OTROS ACENTOS

LAS TEOLOGÍAS DEL TERCER MUNDO, NEGRA, HISPANA Y FEMINISTA

La teología de la liberación latinoamericana no es un fenómeno aislado. Teologías paralelas —asiática, africana, negra y feminista— han surgido de las luchas. Todas ellas representan reacciones contra la teología oficial europea y norteamericana que inconscientemente asumieron que su teología era simplemente teología "cristiana". Cada una de estas nuevas teologías se ha vuelto crítica sobre la forma heredada de interpretar los símbolos cristianos. Los teólogos feministas han extendido su crítica a los símbolos mismos y cuestionan el "machismo" de la deidad. Cada uno ha reinterpretado el pasado para encontrar su propia historia, la cual ha sido ampliamente suprimida de la memoria por las interpretaciones dominantes.

El diálogo entre estas nuevas teologías se formalizó en las conferencias sobre Teología en las Américas, que tuvieron lugar en Detroit en 1975 y 1980, y en las conferencias en varios lugares desde 1976 hasta ahora, bajo los auspicios de la Ecumenical Association of Third World Theologians (Asociación Ecuménica de Teólogos del Tercer Mundo). Pero el diálogo no siempre ha sido fácil. Para los teólogos negros, América Latina parecía querer imponer una interpretación de la opresión estrechamente económica, y ser insuficientemente sensible al racismo; por su parte los latinoamericanos creyeron que los teólogos negros carecían de una comprensión de la opresión suficientemente sistemática. Los feministas consideraron las teologías latinoamericana y negra principalmente un asunto de hombres, aun cuando los teólogos, sensibilizados por el contacto con los feministas ocasionalmente mencionaron la opresión de las mujeres. Aunque los participantes en el diálogo aceptaban que el imperialismo, el clasismo, el racismo y el sexismo están "interestructurados" y se refuerzan uno a otro, y que una forma de civilización dominante dirigida por los varones occidentales blancos para su beneficio se encuentra en la base de la opresión, no hubo una síntesis fácil.

Las diferentes teologías de la liberación coinciden en que un mayor desarrollo consiste en que aquellos que han sido ignorados y excluidos —los pobres, los no blancos, las mujeres—, están entrando en la historia. En la conferencia de 1981 en Nueva Delhi el tema dominante se volvió la "irrupción" de los excluidos, una

> irrupción de las clases explotadas, de las culturas marginadas y de las razas humilladas. Están surgiendo de la parte inferior de la historia en un mundo desde hace largo tiempo dominado por el Occidente. Es una irrupción expresada en luchas revolucionarias, levantamientos políticos y movimientos de liberación. Es una irrupción de grupos religiosos o étnicos que buscan la afirmación de su auténtica identidad, de mujeres que demandan reconocimiento e igualdad, de jóvenes que rechazan los sistemas y valores dominantes. Es una irrupción de todos aquellos que luchan por una humanidad plena y por su legítimo lugar en la historia.

En lo que sigue mostraré algunos puntos de contacto entre la teología latinoamericana y otras formas de la teología de la liberación.

TEOLOGÍAS ASIÁTICA Y AFRICANA

Las iglesias cristianas en Asia y África comparten ciertas características que las separan de la cristiandad latinoamericana. Son ampliamente el producto de la expansión misionera de las iglesias europeas durante los siglos XIX y XX, mientras que el catolicismo latinoamericano llegó como parte de la expansión ibérica del siglo XVI. El catolicismo tiene casi un monopolio cultural en América Latina, mientras que en Asia y África (con excepción de las Filipinas) los cristianos son una minoría pequeña y a menudo diminuta.

Los cristianos en Asia a menudo confrontan una amplia variedad de contextos socioeconómicos e históricos, desde la India gigantesca hasta una ciudad-Estado como Hong-Kong, y contextos religiosos que varían desde el pluralismo de la India hasta Indonesia, en donde el 99% es musulmán. Los cristianos de la República Popular de China no han estado envueltos en el diálogo, pero en última instancia, China no puede ser ignorada en ningún diálogo asiático. Los cristianos en África también confrontan una difundida diversidad, desde el régimen de apartheid en Sudáfrica hasta el experimento con el socialismo *ujamaa* en Tanzania, hasta la Nigeria productora de petróleo, etcétera.

Durante algún tiempo ha sido obvio que los misioneros aportaron la cristiandad *occidental* y que una de las tareas principales es desarrollar formas asiáticas y africanas de culto y de teología adecuadas. Este esfuerzo antecede a la teología de la liberación. Los teólogos africanos hablan de llegar a una comprensión más plena de la "antropología africana", de su particular sentido del ser humano y del cosmos en el continente. La teología asiática incluye encuentros con el budismo, el hinduismo, el islamismo y otras tradiciones en sus muchas formas históricas.

Estos esfuerzos son mencionados a menudo por las frase abreviada de "inculturación" para indicar que las iglesias cristianas occidentales importadas deben encontrar la forma de incorporar a las culturas asiática y africana y de ser incorporadas a ellas. En la medida en que esto equivale a afirmar su propio ser como asiáticos y africanos, el movimiento de inculturación puede ser considerado como liberador.

Algunos movimientos son paralelos en forma más estrecha a la teología de la liberación latinoamericana. Un claro ejemplo es la participación de los cristianos en la lucha contra el régimen de apartheid en Sudáfrica. En 1985 un grupo de gente de la Iglesia presentó un manifiesto llamado el "Documento Kairos" que criticaba explícitamente la "teología estatal" empleada para justificar el régimen y la "teología de la Iglesia" que impedía la participación por temor a comprometerse en política. Muchos eclesiásticos filipinos lucharon contra la dictadura de Marcos con una especie de teología de la liberación, aunque parece no existir mucha teología publicada.

Durante los años sesenta, teólogos coreanos desarrollaron la teología *minjung*. El término *minjung* desafía la definición, pero se podría decir que designa a "un pueblo políticamente oprimido, económicamente pobre, y social y culturalmente alienado, y sin embargo intentando ser el artesano de su propio destino en una forma activa". Esta teología *minjung* se ha desarrolado de la experiencia y la lucha de los cristianos con los pobres. Algunos encuentran este enfoque demasiado estrecho e insisten en que el problema central de Corea es su división en Norte y Sur, una división que ha fomentado el anticomunismo de las iglesias. Por lo tanto piden una crítica de este anticomunismo cristiano, "no a la luz del comunismo, sino a la luz de la fe bíblica en la justicia de Dios para el mundo".

El libro *Planetary Theology* del teólogo católico de Sri Lanka,

Tissa Balasuriya, ofrece una teología de la liberación asiática. No obstante hay una tensión innegable entre los enfoques inculturacionistas y liberacionistas en África y en Asia. Aloysius Pieris, también de Sri Lanka, está convencido de que la dicotomía inculturacionista/liberacionista es falsa. Dice que las culturas asiáticas, tanto la popular como la alta, pone a la gente en contacto con las verdades básicas de todas las religiones, cada una en una nueva forma: "el significado y el destino de la existencia humana; limitaciones humanas paralizantes y nuestra infinita capacidad para salir adelante de ellas; la liberación tanto humana como cósmica; en resumen, *la lucha por una humanidad plena*". Dice que toda cultura asiática está construida en torno a un "núcleo soteriológico" ("soteriología" significa "doctrina de salvación"). "La teología de la liberación asiática está oculta ahí, esperando ser descubierta por quienquiera que esté listo para 'vender todas las cosas'."

Pieris señala elementos cósmicos y metacósmicos en la religiosidad asiática. El fundamento de esta religiosidad es la religión cósmica, que a veces es llamada peyorativamente "animismo", cuando en realidad es la postura de todos los seres humanos ante fuerzas naturales. En África y en Oceanía la religión cósmica puede aparecer en su forma más plural; sin embargo en Asia las soteriologías cósmicas –hinduismo, budismo y taoísmo hasta cierto punto– han sido construidas sobre ella. Estas soteriologías producen élites espirituales –monjes– quienes sirven como modelo de la existencia liberada. La mutualidad entre los niveles cósmico y metacósmico queda ejemplificada por la relación entre la comunidad monástica budista y el resto de la sociedad. Esta relación aparece en la bipolaridad entre riqueza y pobreza, el Estado y la *shanga* (la comunidad monástica), y el conocimiento científico y la sabiduría espiritual. En Asia, dice Pieris, el antónimo de pobreza no es riqueza, sino "avaricia". "La preocupación primordial, por lo tanto, no es la eliminación de la pobreza sino la lucha contra Mammón."

Las iglesias cristianas asiáticas están atrapadas entre la teología clásica y la teología de la liberación, ambas occidentales. No obstante, Pieris ve en el método de la teología de la liberación la dirección que deben tomar las iglesias asiáticas. Insiste en la "primacía de la praxis sobre la teoría" e insiste en la importancia de encontrar a Dios en la pobreza. Al mismo tiempo acepta "la opción de los teólogos de la liberación por el socialismo, esto es, por un orden social definido en el que las estructuras opresivas se cambian radicalmente, y hasta en forma violenta, con el objeto de permitir a toda persona ser completamente humana, en el supuesto de que nadie está liberado hasta que lo están todos".

Examinando los enfoques de las iglesias a Asia, Pieris distingue dos alternativas, a las que llama "Cristo-contra-las-religiones" y "Cristo-de-las-religiones". Cristo puede ser considerado como firme contra las "falsas" religiones o verdaderamente contra todas las religiones cuando se considera que el mismo cristianismo no es una religión (Karl Barth). Pieris señala que algunos teólogos latinoamericanos —Miranda y aun Sobrino— reflejan este enfoque occidental y hasta colonialista. Aunque es más favorable a la tendencia "Cristo-de-religión", que considera a Jesucristo como el cumplimiento de la lucha religiosa, Pieris señala que ha tendido a ignorar el papel de la religión en la pobreza estructural y en las luchas por la liberación.

Desde un punto de vista asiático "la religión es la vida misma, más que una función de ella, siendo el ethos absolutamente penetrante de la existencia humana". Es Occidente el que ha tenido una definición estrecha de religión. "Una verdadera revolución no puede ir contra la religión en su totalidad. Si una revolución triunfa, lo hace normalmente como una renovación catártica de la misma religión." "Ninguna liberación *auténtica* es posible a menos que los individuos estén 'religiosamente motivados' hacia ella."

Contrariamente a estereotipos sobre religiones no cristianas que "niegan al mundo", Pieris insiste en su empuje liberador. Estas religiones no imaginan la realidad última como un "ser personal" y en verdad son metateístas, o al menos no teístas. Por lo tanto, el punto de partida para la colaboración no es "hablar de Dios" (teología) sino liberación. Él propone que "el instinto religioso sea definido como una necesidad revolucionaria, un impulso psicosocial, para generar una nueva humanidad". Integra revolución y religión dentro de un marco en el que el proceso de humanización es parte de la evolución del cosmos mismo.

Pieris puede no ser el más típico de los teólogos asiáticos, pero el arrastre de sus ideas da una noción de cómo puede ser el diálogo entre los continentes.

TEOLOGÍA NEGRA

La teología negra en Estados Unidos, el Caribe y África es

paralela a la teología latinoamericana en numerosas formas. Sus exponentes también rompieron con la teología que habían aprendido en los seminarios y sin embargo permanecieron en diálogo con ella. Así como la teología latinoamericana reflejó un movimiento del desarrollismo hacia la liberación, la teología negra reflejó el paso del ideal de integración al del poder negro. Tras un periodo de manifiestos y primeros mapas de la nueva teología, los teólogos negros miraron en forma nueva a su historia con el fin de recuperar su pasado. También buscaron relacionarlo con la fe del pueblo en las iglesias negras, al igual que los latinoamericanos entraron en contacto con el catolicismo popular. Leyendo las Escrituras a través de la experiencia negra, los teólogos negros usaron el paradigma básico de "liberación", y a menudo se enfocaron en los mismos textos y temas usados en América Latina, especialmente el Éxodo y la figura de Jesús. La polémica afirmación de James Cone "Cristo es negro", que muchos blancos encontraron ofensiva, es similar a la convicción latinoamericana de que Dios toma el partido de los pobres.

Las primeras expresiones de teología negra pueden relacionarse con asuntos dentro de las iglesias negras a mediados de los años sesenta. Los ministros negros se encontraron atrapados entre los acontecimientos en la comunidad negra y las estructuras y procedimientos de las iglesias. Inspirados por Malcom X, nuevos líderes como Stokely Carmichael clamaban por el poder negro, como opuesto a la integración que Martin Luther King y otros habían considerado el objetivo de la lucha. Los negros más jóvenes estaban, o bien abandonando las iglesias o bien uniéndose a la nación de Islam, por lo tanto rechazando un cristianismo que consideraban parte de la estructura del poder blanco.

Los líderes de las iglesias negras encararon un dilema pastoral. No querían ir en contra de Martin Luther King. Más aún, los blancos, y algunos negros, se sentían incómodos con el clamor del poder negro, que parecía sugerir violencia. Algunos blancos que sentían que habían estado aliados en la lucha por los derechos civiles, se sentían ahora vacilantes. Había advertencias de que el poder negro podía hacer peligrar las "ganancias" logradas en derechos civiles. Refiriéndose a algunas de estas inquietudes, en julio de 1966 el National Committee of Negro Churchmen publicó una declaración apoyando el concepto de poder negro. Hicieron notar que la experiencia histórica de formar sus propias iglesias negras —después de haber sido obligados a salir de las iglesias blancas— en realidad había dado a los "negros" un grado de poder. Por otra parte, admitieron que la Iglesia negra había presentado frecuentemente un "concepto de *otro mundo* del poder de Dios".

Esa declaración se vería débil tan sólo tres años después. En mayo de 1969 James Forman presentó a la Iglesia Riverside de la ciudad de Nueva York un documento adoptado en la National Black Economic Development Conference, que había tenido lugar unos días antes en Detroit. La esencia del documento era una demanda de que "las iglesias cristianas blancas y las sinagogas judías, que forman parte del sistema capitalista [...] empiecen a pagar indemnizaciones a los individuos negros de este país". La suma fue fijada en 500 millones de dólares: "Este total resulta de quince dólares por cada negro." Si esta demanda, descrita como modesta, no era satisfecha, amenazaban con que las iglesias y las instituciones eclesiásticas serían trastornadas.

Fue dentro de este contexto de radicalización como empezó a aparecer el término "teología negra". En 1969 James Cone publicó *Black theology and Black power,* y el término pronto empezó a reflejarse en numerosas conferencias y artículos. El National Committee of Black Churchmen publicó una declaración sobre teología negra llamándola

> una teología de la liberación negra [...] una teología de la "negrura". Es la afirmación de la humanidad negra que emancipa al pueblo negro del racismo blanco, proporcionándole así una libertad auténtica tanto para el pueblo blanco como para el negro...
>
> El mensaje de liberación es la revelación de Dios como fue revelada en la encarnación de Jesucristo. La libertad ES el Evangelio. ¡Jesús es el libertador! La demanda que Cristo el libertador impone a todo hombre *requiere* que todos los negros afirmen su plena dignidad como personas y que todos los blancos dejen sus presunciones de superioridad y sus abusos de poder.

Los teólogos negros, al menos como yo lo entiendo, tienden a centrarse en temas escriturísticos muy semejantes a los usados por los teólogos latinoamericanos. Naturalmente, están mucho más preocupados por el racismo: la historia de la esclavitud, el racismo sistemático e institucionalizado, y su impacto cultural. Rechazan teorías que simplemente subsumen al racismo dentro de un esquema envolvente; por lo tanto, sospechan del marxismo. No obstante, teólogos como James Cone han iniciado un diálogo serio con los marxistas, un diálogo que ha ido quizás más lejos con Cornel West.

TEOLOGÍA HISPANA

La primera expresión del surgimiento de una conciencia hispana en la Iglesia de Estados Unidos no tomó la forma de teología, sino más bien una exigencia de reconocimiento dentro de la Iglesia católica. Hay quince millones o más de hispanos en Estados Unidos. La mayoría son católicos, aunque las iglesias protestantes, especialmente de la variedad pentecostal, están creciendo rápidamente. A pesar del hecho de que aproximadamente una tercera parte de todos los católicos de Estados Unidos son hispanos o de origen hispánico, la Iglesia católica ha sido lenta para reconocer las implicaciones de este hecho.

A finales de los años sesenta, un grupo de sacerdotes llamado Padres empezó a organizarse para que los hispanos tuvieran un lugar correcto en la Iglesia, como hizo un grupo similar de monjas llamado Hermanas. Una de las demandas de los Padres fue que se nombraran más obispos hispanos, y ello empezó a ocurrir a mediados de los setenta. La preocupación más profunda de este grupo, sin embargo, era encontrar una forma de trabajo pastoral apropiada para laborar con hispanos. Virgilio Elizondo y otros crearon el Mexican American Cultural Center (MACC) en San Antonio como un centro de adiestramiento para monjas, sacerdotes y trabajadores pastorales laicos. Teólogos latinoamericanos como Enrique Dussel estuvieron entre los profesores invitados.

No había una forma automática o fácil para aplicar la teología latinoamericana o sus métodos pastorales a los hispanos en Estados Unidos. La historia, la cultura, la experiencia y las ideas prefijadas de los diferentes grupos varían enormemente: desde los inmigrantes de México (y Centroamérica) en el sudeste, hasta los puertorriqueños en Nueva York, hasta los cubanos de clase media en Florida. Todos están divididos entre su cultura y las presiones por "triunfar" en Estados Unidos. Frecuentemente hay una progresión observable de una generación hispanohablante a una segunda generación bilingüe, y a una tercera generación que únicamente habla inglés. Por lo tanto, no es posible un trasplante fácil de la teología latinoamericana.

Hay sin embargo una buena cantidad de renovación pastoral. Algunas parroquias han puesto en funcionamiento adaptaciones de la estrategia pastoral de comunidades de base. Una expresión de esta vitalidad ha sido la organización de Encuentros en 1972, 1977 y 1985. Los Encuentros han sido un proceso de consulta, principiando a nivel parroquial y moviéndose después a nivel diocesano, con cursos, discusiones y reuniones. Conferencias a nivel nacional y regional han proporcionado así una especie de foro en el que los católicos hispanos podían expresar lo que querían encontrar en la Iglesia.

Reflejando posiblemente su contacto con los teólogos latinoamericanos, aquellos que son activos en esta renovación pastoral han usado frases como "liberación" o concientización. Sin embargo, creo que, aunque ocasionalmente hacen referencias de paso a una crítica sistemática más amplia del sistema económico, su preocupación principal es afirmar su propia identidad cultural. En esto puede ser que reflejen fielmente a las comunidades hispanas, en las que únicamente una pequeña proporción llega hasta una crítica radical. Esto es mucho más claro en el caso de la comunidad cubana, para la cual Estados Unidos representa la liberación de una revolución marxista, pero también es muy cierto para aquellos cuyos orígenes son México, Puerto Rico o cualquier otra parte.

Hasta donde llega mi conocimiento, hay sólo una expresión en forma de libro de una teología hispana: *Galilean journey: The Mexican-American promise* (Viaje galileo: la promesa mexicano-norteamericana) de Virgilio Elizondo. El título proviene de la polaridad entre Galilea y Jesuralén que se encuentra en los Evangelios. Jesús es de Galilea, una región a la que los judíos "puros" de Jerusalén miran con desprecio. Una de las razones para este desprecio era el hecho de que los galileos eran de sangre mezclada. Eran el resultado de un mestizaje. . . como los mexicano-norteamericanos. Fue en ese lugar, lejos de los centros de poder, donde Jesús llevó a cabo su ministerio entre los pobres y los olvidados. Al final, fue a Jerusalén para enfrentarse a los centros de poder, y fue muerto.

Esta polaridad proporciona a Elizondo un paradigma básico para su propia exploración de la experiencia histórica y cultural del mestizaje mexicano-norteamericano. Como Enrique Dussel, Elizondo empieza la historia con la conquista en 1492, y al igual que los teólogos de la liberación encuentra resonancias entre la experiencia bíblica y la de los mexicano-norteamericanos. Se detiene en la figura de Jesús y no hace del Éxodo un símbolo importante. Elizondo afirma explícitamente que los mexicano-norteamericanos deben encarar "el racismo y el capitalismo liberal", aunque es igualmente explícito al afirmar que abrazar el marxismo sería "cambiar una forma de esclavitud por otra". La principal preocupación de Elizondo es llevar a cabo una exploración teológica —y una validación— de la cultura mexicano-norteamericana, más que una crítica sistemática de la sociedad estadunidense dominante. En esto refleja la tendencia predominante en la renovación pastoral entre los hispanos.

TEOLOGÍA FEMINISTA DE LA LIBERACIÓN

Una nueva teología feminista ha surgido paralelamente a otras teologías de la liberación desde los sesenta. Al igual que éstas, es una reflexión teológica de un movimiento de liberación en la sociedad como un todo. Parte del trabajo inicial ha sido un restablecimiento del pasado, buscando elementos en la historia del cristianismo que han sido ignorados o suprimidos por una teología dominada por varones. La teología feminista asume un nuevo método, una nueva forma de hacer teología.

La teología latinoamericana ha sido principalmente una empresa de hombres, masculina en su personal —virtualmente todos los teólogos bien conocidos son hombres— y en sus puntos de vista y métodos. Desde mediados de los setenta los teólogos latinoamericanos han sido en cierta forma sensibilizados por las más abiertas manifestaciones de sexismo. Mujeres como Beatriz Couch (Argentina), Julia Esquivel (Guatemala) y Elsa Támez (Costa Rica) participan en encuentros y proyectos teológicos. En sus análisis de la "realidad latinoamericana" los latinoamericanos incorporan ahora referencias a las mujeres que son doblemente explotadas (o triplemente, si se trata de indias o de negras). Insisten en el papel positivo de las mujeres en la lucha por la justicia y la contribución que han hecho al trabajo pastoral en la Iglesia, con el reconocimiento de que están débilmente representadas en papeles de liderazgo con poder.

La dimensión feminista trae una tensión innegable a la teología latinoamericana. Las feministas latinoamericanas, incluyendo a las teólogas, no quieren importar el feminismo norteamericano o el europeo. Tienen cuidado en situar la orden del día femenina dentro de un contexto de liberación general más que de competencia con la liberación económica y política. Aspiran a una liberación que capacite a la mujer para participar en una relación de igualdad en la construcción de una nueva sociedad. No defienden una estrategia de enfrentamiento con los hombres que debilite la lucha por la liberación general. Sin embargo, hay una fuerte tendencia entre los hombres a descartar el feminismo como importación burguesa y a incluirlo simplemente en una agenda que se estudiará en el futuro.

En su mayoría, los teólogos latinoamericanos de la liberación, aun cuando están deseosos de considerar las demandas más obvias por la igualdad entre hombres y mujeres y trabajar contra las manifestaciones de sexismo más obvias, no se han enfrentado con las implicaciones más radicales del pensamiento feminista, y con la teología feminista en particular. Eso parece ser más cierto aún en los teólogos feministas de América Latina, al menos como se expresó en una conferencia titulada "La mujer latinoamericana: la praxis y la teología de la liberación", que se ofreció en la ciudad de México en octubre de 1979.

Los participantes en ese seminario no fueron primordialmente teólogos profesionales, sino aquellos que trabajaban con mujeres pobres. En su documento final hacen una lista de las características particulares de la doble explotación de las mujeres pobres en América Latina, así como su justificación en la ideología del macho. Se dice que la Iglesia es una "estructura patriarcal". Hacen notar que, a pesar del lugar prominente de las mujeres en las comunidades cristianas, la teología no las toma suficientemente en cuenta. Si la "Iglesia del pueblo" debe progresar y si la teología de la liberación debe madurar, el asunto de la situación de las mujeres debe formar parte de todo empeño teológico. Exhortan a que se permita a las mujeres especializarse en teología y a que tomen su lugar como intelectuales orgánicos en la lucha por un cambio.

Sin embargo, en su interpretación actual de las Escrituras buscan principalmente temas bíblicos que apoyen la igualdad masculino-femenina. Observan que la "tradición de la Iglesia ha inyectado prejuicios antifemeninos" en su interpretación de la Biblia, pero plantean la posibilidad de que esos mismos textos reflejen considerable patriarcado. En una palabra, me parece que la teología latinoamericana está deseosa de enfrentarse con el sexismo hasta cierto punto, pero todavía tiene que incorporar una crítica al patriarcado.

A veces se considera al feminismo simplemente como una lucha por los derechos de la mujer, en favor de un trato igual, y, de hecho, muchos de los asuntos de cada día del movimiento femenino pueden considerarse en esta forma —p. ej., la lucha por el ERA o la lucha por la igualdad en sueldos. En las iglesias la lucha por la ordenación de mujeres puede considerarse análoga.

No obstante, si el mal no es exactamente el "sexismo" —trato desigual– sino el patriarcado, un profundo mal que va hasta las bases de la civilización y recorre toda la historia escrita, las soluciones completas no se encontrarán ni aun en una revolución socialista. Desde este ángulo, las implicaciones de la teología feminista son más radicales que las de la teología latinoamericana.

Esta diferencia queda manifiesta en sus diferentes interpretaciones de las Escrituras. La teología latinoamericana acepta los hallazgos de la erudición bíblica sobre el sentido original de los textos como elaborados en el curso de la historia hebrea o en las tempranas comunidades cristianas. Le hace compañía a la mayor parte de la erudición bíblica europea en su *hermenéutica,* esto es, en la forma en que interpreta actualmente el significado de estos textos. Sin embargo, el significado original en sí mismo no se considera problemático.

La erudición feminista, sin embargo, está deseosa de cuestionar ese sentido original. El sitio de las mujeres en las tempranas comunidades cristianas proporciona un ejemplo. A primera vista, nada es más obvio que la dominación masculina: todos los apóstoles son hombres, la mayoría de la gente con papeles activos son hombres, y las mujeres dicen relativamente muy poco. No obstante, al aplicar la duda erudita, Elizabeth Schüssler-Fiorenza y Luise Schottroff encuentran evidencias de que en las primeras comunidades las mujeres tuvieron un papel activo como "apóstoles, misioneras, patronas, cotrabajadoras, profetas y líderes de las comunidades –y esto hasta en los escritos paulinos. Una figura importante es la de María de Magdala (Magdalena), quien es uno de los primeros testigos de la resurrección. Las Escrituras reflejan alguna rivalidad por parte de Pedro.

¿Cómo explicar, entonces, los textos en los que Pablo amonesta a las mujeres para que mantengan la cabeza cubierta y que en general guarden su sitio? Señalan un proceso de "patriarcalización" en el que el impulso liberador inmediato del movimiento de Jesús fue suavizado bajo la presión de la sociedad circundante. El mismo Pablo sucumbe a esa presión, "la que probablemente no consideró muy importante". La patriarcalización ya estaba actuando en la edición de las Escrituras cristianas y en la selección de su canon.

Eruditas feministas como Schüssler-Fiorenza son ya más críticas al hablar de las Escrituras que los teólogos de América Latina. No obstante, la empresa global de la teología feminista va mucho más allá, especialmente en su crítica al paradigma patriarcal básico. Cuando llegan al descubrimiento de lo profundamente asentado del patriarcado en la cristiandad, algunas mujeres —en realidad algunas que, como Mary Daly, empezaron como teólogas—, terminan repudiando la misma cristiandad.

Rosemary Ruether, cuya carrera ha combinado la erudición con el activismo, ha escrito numerosas obras tanto sobre feminismo como sobre teología de la liberación. Su libro de 1983 *Sexism and Gold-Talk* es un informe sistemático de áreas tradicionales de la teología desde un punto de vista feminista. Me gustaría citar aquí algunos ejemplos, principalmente para mostrar lo fundamental que es la crítica feminista de la teología.

Ruether indica que las imágenes masculinas de lo divino del antiguo Cercano Oriente y de la misma Biblia refuerzan el patriarcado en la sociedad. Patriarcado quiere decir "no únicamente la subordinación de las mujeres a los hombres, sino la estructura total de una sociedad dirigida por el padre: aristocracia sobre siervos, amos sobre esclavos, reyes sobre súbditos, señores feudales raciales sobre pueblo colonizado".

Aun cuando las imágenes patriarcales predominan, "hay elementos críticos en la teología bíblica que contradicen esta visión de Dios. Una fuente de crítica es el uso de Jesús del término *Abba* ("padre", pero denotando gran familiaridad), que crea una nueva comunidad liberativa. "A ningún hombre llamaréis Padre, Maestro o Señor." En la historia cristiana hay una ambivalencia, y "una multitud de nuevos 'santos padres' eclesiásticos o imperiales se levanta, reclamando la paternidad y el reinado de Dios como la base de su poder sobre los otros". Ruether dice que debe haber diferentes imágenes liberadoras de Dios —o, como ella dice, de "Dios (a)", usando un término que va más allá de una imagen exclusivamente masculina y puede incorporar rasgos de las deidades femeninas. Aunque reconoce el aspecto positivo de una imagen paterna de Dios, considera que el apoyo excesivo en esa imagen refuerza el patriarcalismo; Dios se vuelve un padre neurótico que no quiere que los seres humanos crezcan. Sugiere un Dios de éxodo, de liberación y de nuevo ser, sin seguir el camino de las teologías "patriarcales" de esperanza o de liberación.

Ruether y otras argumentan que una teología ecológico-feminista debe "volver a pensar toda la tradición teológica occidental de la cadena jerárquica de ser y la cadena de mando [...] la jerarquía de la naturaleza humana sobre la no humana como una relación de valor ontológico y moral. Ello debe poner en duda el derecho del humano para tratar lo no humano como propiedad privada y riqueza material que debe ser explotada."

Dios (a) que es la primitiva Matriz, el terreno de ser-nuevo ser, no es ni una inmanencia sofocante ni una trascendencia sin base. El espíritu y la materia no están divididos en dos, sino que se encuentran dentro y fuera de la misma cosa.

Al preguntar: "¿Puede un Salvador masculino salvar a las mujeres?" Ruether insiste en el aspecto profético y liberador de la carrera de Jesús, contrastándola con la patriarcalización de la cristología durante los siguientes cinco siglos. Describe algunas alternativas, como la de las "cristologías andróginas" en los primeros gnósticos, Jacob Böhme, Emanuel Swedenborg y las sectas utópicas. No obstante, encuentra que estos enfoques todavía tienden a un "prejuicio androcéntrico". Concluye que, hablando teológicamente, "la masculinidad de Jesús no tiene un significado final". Jesús "manifiesta la *cenosis del patriarcado*" (*cenosis* es el término griego para "vaciar" usado para describir la manera de vivir y de morir de Jesús). "Jesús, el profeta judío sin hogar, y las mujeres y hombres marginados que le responden, representan el derrocamiento del sistema mundial presente y el signo del amanecer de una nueva era en la que la voluntad de Dios se cumplirá en la tierra."

Su visión de la sociedad es el socialismo democrático que desarma las jerarquías sexista y de clase y vive en una comunidad orgánica, con trabajo y alimento compartido. Debo hacer notar simplemente que, en contraste, las visiones latinoamericanas de una sociedad futura tienden a enfocarse más estrechamente en la restructuración económica. Ruether ve dos caminos hacia una sociedad así: establecer pequeñas comunidades que luchen por poner en práctica el concepto entre ellas mismas, y concentrarse en áreas más limitadas dentro de la sociedad existente más amplia. Ni siquiera considera la posibilidad teórica de "tomar el poder estatal" para poner las cosas en marcha.

El empuje radical de la teología feminista de Ruether queda manifiesto en sus reflexiones sobre "escatología" (*eschata* es la palabra griega para "las últimas cosas", tradicionalmente el cielo, el infierno, el juicio, etc.), el estudio del destino del cosmos y de los seres humanos. Tras una investigación de las escatologías en las grandes religiones, se dedica a la crítica tanto del pensamiento evolutivo como del milenarismo marxista. Confronta el dilema: si el "fin" está "más allá", no ofrece nada a la historia, pero si el "fin" está dentro de la historia (p. ej., una revolución particular) se volverá absolutizado. Al sostener un punto final trascendente más allá de la historia, la crítica cristiana del marxismo puede ser útil para mantener abierta la historia, pero "no tiene base en una ontología de creación y en Dios (a) como campo de creación". Sugiere en vez de ello un modelo de esperanza y de cambio basado en la conversión, el cual tiene "base en la naturaleza y acarrea la aceptación de finitud, de escala humana y de relaciones balanceadas".

En lo que respecta a la inmortalidad personal, Ruether propone el "agnosticismo". "No debemos pretender saber lo que no sabemos o que nos sea 'revelado' lo que es proyección de nuestros deseos [...] Lo que sabemos es que la muerte es la detención del proceso vital que mantiene unido a nuestro organismo." Nuestra vida "se disuelve de vuelta en la matriz cósmica de materia/energía, de donde surgen [...] nuevos centros de individualización. Es esta matriz, más que nuestros centros de ser individualizados, la que es 'eterna'." Lo que hace a esta posición feminista, es la sospecha de Ruether de que el deseo de inmortalidad es principalmente una proyección masculina.

Lo precedente son ejemplos del trabajo de una teóloga feminista, una de las más persistentes y sistemáticas en sus enfoques. Lo que debiera ser obvio es que su empresa, aunque similar en muchos aspectos a la obra de latinoamericanos, es mucho más radical en su empeño por cuestionar no sólo los distorsionados aumentos en teología o en la práctica de la Iglesia, sino hasta los mismos símbolos utilizados por las Escrituras. Este enfoque radical refleja, creo, el hecho de que el patriarcado está mucho más profundamente asentado que el imperialismo o la opresión de clases, y mucho más estructurado en la civilización existente.

12. ¿REALMENTE LIBERA?

OBJECIONES A LA TEOLOGÍA DE LA LIBERACIÓN

Sus oponentes afirman que la teología de la liberación se apoya en suposiciones y análisis económicos y políticos erróneos y que lleva a la dictadura totalitaria marxista. Dicen también que mina la autoridad de la Iglesia y desmiente el significado mismo del cristianismo. Aunque dichos oponentes tienden a enfocarse en un aspecto o en otro, también cruzan las líneas. Mi deseo en este libro es resumir y examinar las principales objeciones y las respuestas que dan o pueden dar los teólogos. La discusión está ya altamente polemizada, y no trato de persuadir a nadie, sino simplemente de dibujar los contornos de la controversia.

Aun cuando hay varias críticas de la teología de la liberación, como las del arzobispo López Trujillo y James V. Schall, he encontrado útil considerar especialmente la crítica económica y política desarrollada por Michael Novak y algunos de sus compañeros latinoamericanos, así como la crítica teológica desarrollada por el cardenal Joseph Ratzinger.

¿DIAGNOSIS FALSA?

Novak y sus compañeros se preocupan principalmente del marco económico y político utilizado por los teólogos de la liberación. Los teólogos dedican poco tiempo a defender ese marco, puesto que está ampliamente aceptado por los intelectuales latinoamericanos y puesto que ven su tarea como teólogos como reflejo de las implicaciones de la fe cristiana. No obstante, si su teoría social está fundamentalmente equivocada, toda su empresa queda amenazada. Por lo tanto, al menos las objeciones deben considerarse aquí.

De hecho hay dos cuestiones básicas: 1] ¿Cómo debe explicarse el desarrollo de algunas naciones, principalmente en Occidente, y la pobreza de otras? y 2] ¿Cómo pueden esas naciones que hoy son pobres alcanzar un nivel adecuado de desarrollo?

A grandes rasgos, las respuestas tienden a situarse entre dos líneas. Algunos consideran el crecimiento de Occidente principalmente como un asunto de innovación, inteligencia y diligencia, favorecido por las libertades de una sociedad abierta, mientras que otros subrayan el papel del saqueo y la explotación. En forma paralela, la tarea de desarrollo puede considerarse principalmente como una cuestión de seguir los pasos de los países actualmente desarrollados bajo su tutelaje, o de librarse de su dominio de manera que puedan desarrollarse en forma autónoma. Obviamente, es difícil ser "imparcial" en esa discusión.

Aun cuando Novak toma la pose de quien cuestiona el juicio aceptado, es decir la teoría de la dependencia, encuentro que simplemente repite lo que ha sido la visión convencional de desarrollo hasta aquí. Por ejemplo, pregunta cómo América Latina y Estados Unidos, que hasta 1850 tenían ingresos per cápita comparables, pueden haberse desarrollado de manera tan diferente, y lo enfoca sólo a la cultura. "Los latinoamericanos no valoran las mismas cualidades morales que los estadunidenses." En su hostilidad hacia el capitalismo, los católicos fracasaron en entender el secreto para crear riqueza. Tristemente, dice, los teólogos y obispos de la liberación repiten su error actualmente cuando suponen que la riqueza de otros es el resultado de su propia pobreza.

Hay un elemento de verdad en esta crítica. Uno tiene a veces la impresión de que los latinoamericanos creen que la prosperidad de Estados Unidos y Europa se basa principalmente en la explotación del Tercer Mundo, como si Estados Unidos hubiese desarrollado armas nucleares de los plátanos de Centroamérica o programas espaciales de la harina de pescado peruana. La prosperidad de los países capitalistas avanzados se debe principalmente a su propia innovación y a su siempre creciente productividad, desde el surgimiento de la revolución industrial a mediados del siglo XVIII.

Sin embargo esto no da por terminado el asunto. ¿Cómo puede explicarse la historia de los dos últimos siglos y medio? Reexaminando sus propias historias, los latinoamericanos ven al colonialismo conformando —o deformando— sus economías e instituciones. Históricamente sus economías estaban organizadas en torno a la exportación de minerales, pieles, tintes, etc., y esa situación no se modificó con la independencia. Las nuevas naciones continuaron teniendo economías de plantación produciendo caucho, cáñamo, café, azúcar, algodón, etc., a menudo en ciclos de auge-y-quiebra. Estados Unidos, en cambio, era una sociedad de pequeños agricultores, artesanos y comerciantes, excepto en el sur, donde un sistema de plantación semejante fue destruido únicamente por la guerra civil.

Cuando la Gran Depresión disminuyó dramáticamente el mercado para sus exportaciones, América Latina inició un proceso de industrialización que duró hasta los años cincuenta. Este tipo de industria de "sustitución de importaciones" fue conducida por empresarios latinoamericanos, con medidas proteccionistas del Estado. La penetración a gran escala de corporaciones extranjeras y de bancos en los años sesenta significó sin embargo que las economías latinoamericanas fueron "desnacionalizadas".

Los latinoamericanos argumentan que el subdesarrollo es estructural. Sus economías están distorsionadas por una "división internacional del trabajo" mantenida por corporaciones del mundo capitalista y por sus gobiernos y élites. No pueden organizar sus economías para satisfacer las necesidades básicas de la gente.

Creo que es posible dar el debido peso a ambas clases de factores —esto es, para entender el subdesarrollo como estructural— sin hacer de la dependencia el factor principal para explicar la prosperidad de las naciones industrializadas (véase, por ejemplo, *Europe and the people without history* por el antropólogo vuelto historiador, Eric R. Wolf).

CRISIS ECONÓMICA

Novak tiene grandes elogios para Joseph Ramos, un economista que ha trabajado con las Naciones Unidas y que sirvió como consejero a los obispos latinoamericanos en su preparación para Puebla. Aunque reconoce la dependencia como un hecho, Ramos aduce varios elementos para calificarla. Primero, señala que la tasa de crecimiento económico anual de América Latina ha promediado más del 5% para treinta años, que sus industrias se han vuelto cada vez más sofisticadas y competitivas, y que las estadísticas muestran un aumento en el bienestar general (p. ej., de los años cuarenta a los setenta el promedio de vida aumentó de menos de cincuenta años a sesenta y dos).

Lo que hay que hacer ahora, según Ramos, es subir el estándar de vida de los más pobres. Dos de sus colegas han calculado que el 40% más bajo puede subirse por encima de la "línea de pobreza" (menos de 200 dólares al año de ingreso) con un gasto de 16 mil millones de dólares al año. Esa suma sería equivalente al 5% del PIB o 22% del actual gasto gubernamental (finales de los setenta). Desarrollando el mercado interno, esa redistribución favorecería a los intereses de los fabricantes nacionales.

Con todo lo racional que esa propuesta pueda parecer al considerarse en forma abstracta, ignora la forma en que el poder es usado por las élites latinoamericanas. Una redistribución verdadera del ingreso supone una redistribución del poder, lo cual es la esencia de la revolución.

Por su parte, Novak propone que América Latina tome nota del ejemplo de países asiáticos como Japón, Taiwan, Singapur, Hong Kong, Malasia y Corea del Sur. Ignora el hecho de que Japón cerró sus fronteras hasta que su propia industrialización estaba en marcha. En los albores de este siglo era un país industrializado, y en 1941 era lo suficientemente poderoso como para atreverse a atacar a Estados Unidos. Su recuperación de posguerra fue similar a la de Europa y no es aplicable directamente al Tercer Mundo. En Japón y en Taiwan, además, una reforma agraria impuesta apresuró la industrialización capitalista.

Sin negar la habilidad empresarial, la ingenuidad y el ahorro en los países citados por Novak, el hecho es que todos ellos son casos de economías de enclave, principalmente plataformas de exportación que ofrecen mano de obra barata en fases particulares de procesos internacionalizados de producción. En algunos casos los empresarios locales han extendido el proceso, por ejemplo en Corea, que ahora tiene su propia industria automotriz. Sin embargo, ese modelo es de aplicabilidad muy limitada. A mediados de los ochenta hay poca evidencia de que la economía mundial tenga sitio para más Taiwanes.

Finalmente, el panorama económico ha cambiado desde finales de los setenta, cuando Ramos elaboró sus optimistas suposiciones. Actualmente América Latina se encuentra en su peor crisis económica desde los años treinta. El servicio de la deuda externa (360 mil millones de dólares) consume el 40% de las exportaciones del continente. En algunos países, como Perú, los estándares de vida han retrocedido a los niveles de hace veinte años. Latinoamérica produce menos alimentos per cápita que hace cuarenta años. Estos y otros indicadores refuerzan el empuje básico de la crítica de la dependencia: que la pobreza latinoamericana es estructural y puede ser superada únicamente con cambios estructurales.

CUBA, ¿UN FRACASO?

Para Novak como para otros, el argumento remacha el caso. Cuba, dicen, es una sociedad totalitaria, es dependiente de la Unión Soviética, y no se ha desempeñado bien económicamente. Intentos similares de los otros países latinoamericanos sólo empeorarían la situación.

La validez de la teología de la liberación no depende de una evaluación de Cuba. Los nuevos esfuerzos por su cambio básico no necesitan seguir el modelo cubano. Los latinoamericanos creen que pueden aprender de las experiencias de otros, incluyendo las de Cuba, y aun así producir modelos apropiados para sus propias circunstancias.

Cuba ha eliminado la espantosa pobreza que existía antes de la revolución. La población total de Cuba tiene una dieta adecuada, está apta para el trabajo y tiene acceso a servicios médicos y a la enseñanza. Eso no es real en ningún otro país latinoamericano. Los críticos ignoran o soslayan ese logro. En cambio, el hecho de que por doquier amplios sectores de la población, a menudo la mayoría, están desempleados o subempleados y no tienen una dieta adecuada o acceso a servicios médicos regulares se considera incidental.

Unos pocos indicadores estadísticos pueden sugerir que Cuba no es el "fracaso" que a menudo se supone. En el índice de "calidad física de vida" (un compuesto de mortalidad infantil, expectativas de vida y alfabetización) Cuba tiene 84 —en contraste con el promedio latinoamericano de 71 y el promedio de los países industrializados occidentales de 90. El único país latinoamericano que rebasa a Cuba es Argentina (85), que tiene el doble de ingreso per cápita que Cuba. Similarmente, aunque el promedio brasileño per cápita (702 dólares) es mayor que el de Cuba (598 dólares), el 80% más bajo de la sociedad cubana tiene un ingreso mayor.

¿Hay un intercambio entre algunos logros innegables en bienestar material y el sacrificio de libertades y derechos básicos? Nuevamente, el asunto se ve diferente según el punto de vista del observador. La libertad de prensa en Brasil contrasta con el monopolio gubernamental cubano. Y sin embargo, ¿qué beneficios reciben de la libertad de prensa la mayoría de los brasileños, especialmente los iletrados? En teoría, cualquiera puede publicar un periódico o pedir una licencia de televisión. En la práctica, los medios de comunicación están en manos de los ricos y presentan constantes imágenes de una sociedad de consumo que sólo pueden exasperar a la mayoría pobre. Aun admitiendo los peligros y patologías de un Estado unipartidista, ¿no es al menos concebible que –cuando se le considera desde el punto de vista de los pobres– el sistema cubano, con sus formas de participación local es al menos tan responsable y democrático como el sistema político brasileño? ¿Qué tan "democrática" es una sociedad en la que todos los mecanismos están en su sitio –partidos, elecciones, Congreso– pero no se permiten propuestas serias para una reforma en la agenda?

Estas consideraciones no responden en absoluto a todas las objeciones a la teología de la liberación en los campos económico o político, pero indican simplemente que no considero esas objeciones como inobjetables.

LA "CARTA RATZINGER"

Como se hizo notar en el capítulo 6, el ataque sistemático a la teología de la liberación dentro de la Iglesia comenzó alrededor de 1972. Sería simplista suponer que esta oposición es reflejo de una alianza entre obispos y oligarcas. La teología de la liberación desafía la comprensión global que de sí misma tiene la Iglesia, así como el papel individual que deben desempeñar sus líderes. Sin embargo ese desafío no proviene de un ataque directo a la Iglesia o a su doctrina. En realidad, en expresión doctrinaria los teólogos latinoamericanos de la liberación son más conservadores que muchos católicos liberales de Europa y de Estados Unidos. El desafío proviene de una forma de hacer teología en la que el punto de partida es la situación de los pobres.

La llamada "Carta Ratzinger" ("Instrucción sobre ciertos aspectos de la teología de la liberación", publicada en agosto de 1984) es un compendio de las principales objeciones sobre la teología de la liberación desde un punto de vista eclesiástico. En otro tiempo teólogo progresista, Ratzinger estuvo activo en la preparación del Vaticano II. Durante el periodo posconciliar aparentemente llegó a la conclusión de que los asuntos se habían escapado de las manos y que debía reafirmarse la autoridad de la Iglesia.

La primera mitad del documento de siete mil palabras trata consideraciones generales sobre la liberación, la Biblia y la autoridad de la Iglesia, mientras que la segunda parte está dirigida a criticar el análisis marxista, el uso de la violencia, el concepto de la Iglesia, y el tipo de hermenéutica usada en la teología de la liberación. Las palabras iniciales son "El Evangelio de Jesucristo es un mensaje de libertad y una fuerza de liberación. En años recientes esta verdad esencial se ha convertido en el objeto de la reflexión de los teólogos, con un nuevo tipo de atención que en sí misma está llena de promesas." La finalidad de la carta es prestar atención "a las desviaciones y al peligro de las desviaciones [...] que han sido provocadas por ciertas formas de teología de la liberación que usan, sin suficiente crítica, conceptos tomados de varias corrientes del pensamiento marxista".

Ratzinger habla de "teologías" de la liberación —en otras palabras, en plural. Esta estratagema, que inició el obispo López Trujillo a principios de los setenta, implica que hay variedades aceptables e inaceptables de teología de la liberación. Ya que no se mencionan nombres, es imposible determinar cuál es verdaderamente considerada como aceptable. Los mismos teólogos —Gutiérrez, Segundo, Dussel, Sobrino, los Boff, Assmann, Ellacuría, Vidales, Comblin, Richard y Muñoz— pueden diferir en estilo y en enfoque, y pueden no estar de acuerdo en algunos asuntos, pero se refieren a la teología de la liberación en singular, ya que ven que sus propios esfuerzos apoyan lo que es esencialmente un proceso histórico simple. A primera vista puede suponerse que las "desviaciones" son obra de figuras menores, quizás de sacerdotes individuales arrastrados por la retórica. Sin embargo, el hecho de que la Congregación de Ratzinger convocara tanto a Gutiérrez como a Leonardo Boff a Roma podría indicar otra cosa. Si las figuras centrales se han "desviado", uno se queda pensando quiénes son los teólogos de la liberación aceptables.

En un párrafo anterior Ratzinger afirma que "liberación es *ante todo y sobre todo* liberación de la radical esclavitud del pecado [...] Como *lógica consecuencia,* demanda la libertad de diferentes tipos de esclavitud en las esferas cultural, económica, social y política, todas las cuales se derivan finalmente del pecado." El problema, según el documento, es que algunos ponen un énfasis unilateral en la "liberación de la esclavitud de un tipo temporal y terreno" y "parecen colocar la liberación del pecado en segundo lugar". Este pasaje es una clara expresión del "dualismo" tan a menudo criticado por los teólogos latinoamericanos. En otra parte el documento declara:

Las estructuras, sean buenas o malas, son el resultado de los actos del hombre, y por lo tanto son consecuencias más que causas. La raíz del mal, entonces, está en personas libres y responsables que tienen que ser convertidas por la gracia de Jesucristo... [IV, 15]

Quizás la afirmación más radical de este dualismo aparece en un párrafo sobre los salmos: "Es únicamente de Dios de quien se puede esperar salvación y cura. Dios, y no el hombre, tiene el poder para cambiar las situaciones de sufrimiento." (IV, 5)

Ratzinger acusa repetidamente a la teología de la liberación de un "reduccionismo" que ignora elementos básicos del cristianismo: de reducir el pecado a estructuras sociales, de hacer de la lucha por la justicia la esencia total de la salvación, de reducir el Evangelio a un evangelio meramente terrenal, de igualar la verdad con la praxis partidista, de negar "el carácter trascendental de la distinción entre bien y mal (IV, 15; VI, 4; VIII, 3-5; VIII, 9). Cuando los teólogos critican el dualismo están reflejando "inmanentismo histórico". El crecimiento del Reino de Dios es identificado equivocadamente con liberación humana —"autorredención" por medio de lucha de clases.

En sus reacciones iniciales la mayoría de los teólogos latinoamericanos clamaron que el documento de Ratzinger no se aplicaba a ellos y que lo que describía era una caricatura de la teología de la liberación. En gran número de artículos hasta dieron la bienvenida al documento como contribución al diálogo y estuvieron de acuerdo en que la clase de posturas descritas por la instrucción merecían la censura. Juan Luis Segundo, sin embargo, estaba convencido de que el documento atacaba realmente la iniciativa de la misma teología latinoamericana. En respuesta publicó un pequeño libro, *La teología y la Iglesia: una respuesta al cardenal Ratzinger y una advertencia a la Iglesia entera.*

Segundo insiste en que un punto crucial de controversia es la naturaleza de la actividad humana. Como se señaló en el capítulo 5, la teología de la liberación insiste en que no hay dos historias, profana y sagrada, sino sólo una historia humana, la cual es una historia de salvación. Segundo señala varios textos del Vaticano II y un pasaje evangélico clave en Mateo 25, la parábola de Jesús sobre el juicio final ("Tuve hambre, y me disteis de comer"). La implicación es que la gente se salva por lo que *hace* por los demás, independientemente de lo explícitamente "religiosas" que sean sus intenciones.

Para reforzar su caso, Segundo recuerda que el papa Paulo

VI, al clausurar el Concilio, preguntó retóricamente si éste no se había "desviado" al aceptar las "antropocéntricas posiciones de la cultura moderna". El Papa replicó inmediatamente: "Desviado, no; cambiado de dirección, sí" e insistió en la "unión íntima [. . .] entre los valores humanos y temporales [. . .] y los valores espirituales, religiosos y eternos".

Segundo está diciendo en efecto que aquellos que, como Ratzinger, atacan la teología de la liberación, no se han dado cuenta de todo lo que implica lo declarado en el Vaticano II. Añade que si Ratzinger tiene razón, él (Segundo) está equivocado y ha estado equivocado durante veinticinco años —así como toda la generación pos Vaticano II de teólogos y obispos. Es inusitado —prácticamente sin precedente— que un teólogo latinoamericano se enrede en una polémica frontal con una figura mayor del Vaticano.

Tanto Ratzinger como Segundo pueden apoyar su posición con textos oficiales de la Iglesia. Lo que queda claro es que la enseñanza oficial católica sostiene ahora que hay una conexión muy estrecha entre salvación y esfuerzos para construir un mundo más humano. A pesar de las variaciones en terminología —¿es trabajar por la justicia una "dimensión constitutiva" de predicar el Evangelio o simplemente una "parte integral"?— la Iglesia católica ha aceptado un principio importante de la teología de la liberación. Segundo está llamando la atención sobre las implicaciones de la postura oficial.

ADÓNDE CONDUCE

Hacia el final de la primera mitad del documento, Ratzinger se refiere a un tipo de teología de la liberación que "propone una nueva interpretación tanto del contenido de la fe como de la existencia cristiana que se aparta seriamente de la fe de la Iglesia y, de hecho, constituye verdaderamente una negación práctica" (VI, 9).

La fraseología burocrática puede oscurecer la importancia de esta afirmación. El cardenal Ratzinger, el funcionario eclesiástico cuya responsabilidad es proteger la enseñanza de la Iglesia, está diciendo que la teología de la liberación no es ortodoxa. Atribuye sus errores, que afectan tanto a la enseñanza doctrinal como a la moral, a "conceptos tomados sin sentido crítico de la ideología marxista" y a hermenéutica bíblica "marcada por el racionalismo". La nueva interpretación está "corrompiendo todo lo que había de auténtico en el cometido inicial en favor de los pobres".

La segunda mitad del documento intenta mostrar las consecuencias de la teología de la liberación. Ratzinger toma el uso del análisis marxista, y la noción de praxis, y pasa a las consecuencias teológicas de ese análisis. También destaca la crítica que hace la teología de la liberación de la Iglesia y de su método de interpretación bíblica. Una sección final titulada "Orientaciones" intenta presentar sugerencias positivas, pero de hecho vuelve al ataque. Muchos de los tópicos que utiliza Ratzinger ya han sido tratados en el curso de este libro.

De su advertencia sobre la apropiación "sin crítica" del marxismo, uno puede suponer que algunas formas de apropiación "con crítica" pueden ser aceptables, pero el tono antimarxista absoluto del documento nulifica esa posibilidad.

La mayor parte del argumento de Ratzinger es más epistemológico que teológico —esto es, está cuestionando el enfoque marxista para entender la realidad más que su impacto en la fe cristiana. Asegura que en "las ciencias humanas y sociales es conveniente estar atentos a toda la pluralidad de métodos y puntos de vista", ya que la realidad es compleja. El marxismo, sin embargo, propone "esa visión global en la que los datos son reunidos en una estructura filosófica e ideológica, la cual predetermina la significación y la importancia que se les da [. . .] Así, no es posible una separación de las partes de este complejo epistemológico único. Si se trata de tomar sólo una parte, digamos, el análisis, se termina teniendo que aceptar toda la ideología" (VII, 6). Ratzinger parece intentar aquí invertir la cauta pero real aceptación de los cristianos que practican el "discernimiento" respecto al socialismo y al marxismo por parte del papa Paulo VI en su encíclica *Octogesima Adveniens* (1971).

Como el reduccionismo mencionado antes, esta convicción sobre la epistemología es central en el punto de vista de Ratzinger. Uno no puede meterse ni un poco en el oleaje sin ser envuelto y arrastrado por la marea.

Este "concepto que todo lo abarca" tiene serias consecuencias para la ética. En la lógica del pensamiento marxista, el análisis es "inseparable de la praxis y de la concepción de la historia a la que está ligada la praxis". Sólo comprometiéndose como partidario en la lucha puede uno sacar adelante este análisis correctamente. "No hay la verdad, que ellos [los marxistas] pretenden, excepto en y a través de la praxis partidista." Esto significa lucha de clases, que es "la ley fundamental de la historia". Ya que la sociedad está basada en la violencia, el único recurso es la "contraviolencia de la revolución". Al entrar a la lucha, que es en sí misma "una ley objetiva y necesaria" uno " 'hace' la verdad". No hay lugar para apelar a la motivación ética. En realidad,

> la verdadera naturaleza de la ética es radicalmente puesta en duda a causa de lo que estas tesis toman del marxismo. De hecho, es el carácter trascendente de la distinción entre bien y mal, el principio de moralidad, el que es negado implícitamente en la perspectiva de la lucha de clases (VIII, 9).

Al hablar de las consecuencias teológicas de apropiarse ideas del marxismo, Ratzinger nuevamente advierte que "estamos encarando [...] un sistema real, aun cuando algunos dudan sobre seguir la lógica de su conclusión". Al negar "la distinción entre la historia de la salvación y la historia profana", la teología de la liberación tiende a "identificar el Reino de Dios y su crecimiento con el movimiento de liberación humana". La historia se vuelve "un proceso de autorredención del hombre por medio de la lucha de clases". La fe, la esperanza y la caridad "reciben un nuevo significado [...] 'fidelidad a la historia' [...]" La teología de la liberación sostiene que es una ilusión suponer que uno puede amar a sus enemigos de clase. El amor universal podrá ser posible únicamente después de la revolución [IX, 1, 3, 5, 7].

El concepto de la Iglesia también queda bajo fuego. Aquí Ratzinger dice que la teología de la liberación cuestiona si los cristianos que pertenecen a diferentes clases sociales deben compartir la misma eucaristía. Para Ratzinger este ejemplo parece resumir lo que es objetable, ya que lo menciona en otros dos pasajes. El reduccionismo de la teología de la liberación retira el misterio de la Iglesia, haciéndolo simplemente "una realidad interior a la historia". También hace "una desastrosa confusión entre el pobre de las Escrituras y el proletario de Marx". La "Iglesia de los pobres" en realidad significa una Iglesia de clases.

En su crítica de la Iglesia los teólogos de la liberación se dice que cuestionan no simplemente el comportamiento de sus pastores, sino la "estructura sacramental y jerárquica de la Iglesia, que fue voluntad del Señor mismo". Los obispos son considerados como "objetivos representantes de la clase dirigente". Se dice que los teólogos sostienen que los líderes de la Iglesia "tienen sus orígenes en el pueblo, el que por lo tanto designa ministros de su elección de acuerdo con las necesidades de su misión revolucionaria histórica". Esta noción de ministros que tienen su origen en el pueblo alude claramente a una teología protestante del ministerio. Probablemente Ratzinger tiene en mente a Leonardo Boff, ya que es él quien ha escrito más directamente sobre las estructuras de la Iglesia.

A medida que Ratzinger empieza a desarrollar este argumento, vuelan rápidamente frases taquigráficas, llegando a un tono en *crescendo*: "mesianismo temporal", "eucaristía de clases", "interpretación reduccionista de la Biblia", "las tesis más radicales de la exégesis racionalista" y credos tradicionales recibiendo "nuevos significados [...] lo cual es una negación de la fe de la Iglesia".

Al terminar, Ratzinger advierte que el documento no debe tomarse como una especie de "aprobación [...] de aquellos que mantienen a los pobres en la miseria". La gente de la Iglesia debe luchar por los derechos humanos, pero

> esta batalla debe darse en formas congruentes con la dignidad humana. Es por ello por lo que el recurso sistemático y deliberado a la violencia ciega, sin importar el lado del que provenga, debe ser condenado. Confiar en los medios violentos con la esperanza de restaurar más justicia es convertirse en víctima de una ilusión fatal: la violencia engendra violencia y degrada al hombre. Se burla de la dignidad del hombre en la persona de las víctimas, y degrada esa misma dignidad en los que la practican.

Éste es su rechazo más explícito de la violencia revolucionaria, aunque la noción estaba implícita con anterioridad.

Aunque Ratzinger reconoce que las estructuras que "ocultan la pobreza [...] son ellas mismas formas de violencia", asegura que es "sólo invocando al potencial moral de la persona y a la constante necesidad de conversión interior" como puede ser realmente benéfico cualquier cambio social.

Ratzinger advierte contra las esperanzas ilusorias sobre la revolución:

> Un hecho importante de nuestros tiempos debe atraer la reflexión de todos aquellos que quieren trabajar sinceramente por la verdadera liberación de sus hermanos. Millones de nuestros contemporáneos legítimamente ansían recobrar esas necesidades básicas de las que fueron privados por regímenes totalitarios y ateos que llegaron al

poder por medios violentos y revolucionarios, precisamente en nombre de la liberación del pueblo. Esta vergüenza de nuestra época no puede ser ignorada: aunque declaran llevarles la libertad, estos regímenes mantienen a naciones enteras en condiciones de servidumbre que son indignas de la humanidad. Aquellos que, quizás inadvertidamente, se hacen cómplices de esclavitudes semejantes traicionan a los mismos pobres que quieren ayudar [XI, 10].

El tono algo condescendiente implica que los teólogos latinoamericanos necesitan una lección de historia de un europeo.

Ratzinger concluye con un relato más de lo que debe subrayarse: "la trascendencia y la gratuidad de la liberación en Jesucristo", etc. Una frase resume mucho del juicio teológico contra la teología de la liberación:

Se necesita estar en guardia contra la politización de la existencia que, equivocando todo el significado del Reino de Dios y la trascendencia de la persona, empieza a sacralizar la política y traiciona la religión del pueblo en favor de los proyectos de revolución.

La crítica de Ratzinger es en sí misma un resumen muy condensado de más de doce años de críticas dentro de la Iglesia latinoamericana. Los lectores pueden juzgar si su descripción encaja en la teología de la liberación como ha sido presentada a lo largo de la presente obra, y verdaderamente qué relación encuentran más adecuada. Mis observaciones en las siguientes páginas sólo prestarán atención a algunas debilidades en la posición de Ratzinger, cuando se observan desde la perspectiva de la teología de la liberación.

Ratzinger pinta un cuadro de teólogos de la liberación arrastrados por un sistema que todo lo abarca, e insiste, por el contrario, en que el criterio final de la verdad debe ser teológico. Su posición —que se encuentra frecuentemente en los documentos de la Iglesia— es que la fe le permite a uno elevarse sobre las ideologías. (Curiosamente, el ser estadunidense también parece elevarse sobre las ideologías. En los años cincuenta el sociólogo Daniel Bell proclamó el "fin de la ideología".) Los teólogos latinoamericanos son escépticos. La ideología está ya incluida en cualquier cultura, y en el lenguaje mismo. Juan Luis Segundo afirma explícitamente que Jesús, al compartir la condición humana, también adquirió los elementos ideológicos de su época, y están reflejados en el Nuevo Testamento. Para estar por encima de toda ideología uno tendría que estar por encima de la condición humana.

En esta perspectiva, las alternativas no son si se usan o no elementos ideológicos, sino si se usan faltos de sentido crítico o con autocrítica. Así, un teólogo latinoamericano puede decir: "Sí, es verdad que 'tomamos' algunos elementos del marxismo, pero lo hacemos conscientemente y con sentido crítico. Eso es mejor que absorber inconscientemente los elementos ideológicos de la cultura capitalista occidental dominante, e imaginar que uno está por encima de la ideología." Ni siquiera los funcionarios del Vaticano ni el papa pueden ponerse por encima de la ideología.

Un punto en el que simpatizo con Ratzinger es en su rechazo del carácter "científico" del marxismo. En parte, el problema es de terminología, ya que tanto las lenguas romance como las germánicas utilizan "ciencia" en un sentido más amplio del que se acostumbra en inglés. Aun dando lugar a una definición más amplia de "ciencia", me siento incómodo con la noción de que el marxismo es una "ciencia de la historia" y que la ciencia social "burguesa" es realmente "precientífica", como si Marx fuese (aunque no totalmente reconocido) el Copérnico de las ciencias sociales. No obstante, incluso esos teólogos de la liberación que hablan del marxismo como ciencia reconocen explícitamente la necesidad de prestar atención a otras corrientes, y lo hacen en la práctica.

¿Aceptan los teólogos de la liberación al marxismo como un sistema que todo lo abarca, hasta la exclusión de otras fuentes de perspicacia y de conocimiento? Un examen simple de las fuentes citadas por Gutiérrez, Segundo, Boff, Dussel y otros indica que en efecto recurren a una gama de enfoques. Muchos de ellos, como Sobrino, citan principalmente a otros teólogos. Al discutir el uso que hace la teología de la liberación de la tradición marxista, Leonardo Boff menciona a Antonio Gramsci y a Louis Althusser en la misma frase, aun cuando éstos están casi en polos opuestos en la cuestión de cuán "humanista" o "antihumanista" era Marx mismo.

En realidad se puede concluir que los teólogos latinoamericanos, lejos de haber hecho una adaptación sistemática y coherente del marxismo, han hecho más bien un uso ecléctico de sus elementos, con poca atención para un sistema total coherente. Con pocas excepciones, no se han comprometido en una confrontación explícita y frontal con el marxismo. Afirmando que uno puede escoger y rechazar, que aun usando el análisis marxista quedará uno cautivo de un sistema total con todas las consecuencias que enumera, Ratzinger está diciendo que él entiende mejor que ellos lo que están haciendo.

Nuevamente puedo compartir parcialmente con Ratzinger su rechazo de una noción de "praxis" que sostiene el compromiso partidario como la única fuente de verdad para todos los asuntos y en todos los tiempos. Aunque se pueden encontrar algunas de estas expresiones entre los entusiastas, no representan el punto de vista considerado de los teólogos de la liberación. Esto es, el comprometerse en la lucha de los pobres no puede sustituir al trabajo en teología propiamente. Clodovis Boff hace explícito ese punto en su obra sobre metodología, *Teologia e praxis.* Sin embargo estoy inclinado a preguntar: ¿quién está más apto para entender la situación del campesino brasileño —en términos humanos, en análisis social, teológica y pastoralmente—, un individuo que supervisa una agencia de vigilancia doctrinal en el Vaticano, o un teólogo que enseña medio año en una universidad brasileña y pasa el otro medio año viajando por secciones sin caminos en la cuenca brasileña, como hace Clodovis Boff? En igualdad de circunstancias, uno supone que el contacto cara a cara de Boff con los campesinos y el compartir su vida haciendo su trabajo pastoral —su praxis— agudiza su propia conciencia, le proporciona un campo de prueba para su estudio de las ciencias sociales y para su teología misma, y le estimula para hacerse nuevas preguntas. En principio, claro está, puede no ser todo igual. Tomando un café express en una *piazza* romana, Ratzinger puede llegar a una penetración que se le escapa a Boff mientras camina por la selva con pies lastimados y picaduras de mosquitos infectadas. En el devenir ordinario de las cosas, sin embargo, la práctica pastoral de Boff deberá tener un impacto positivo en su trabajo intelectual.

Ratzinger evoca a otros que, quizás teniendo en mente guerrillas de sacerdotes, creen que la teología de la liberación va a dar fundamento a la violencia revolucionaria. De hecho, ningún teólogo ha escrito un libro sobre ese asunto. Ningún teólogo de la liberación ha proporcionado fundamentos teológicos para matar. Donde la muerte ha sido teologizada, en sus reflexiones sobre el martirio, el deseo es dar la vida por los otros, no tomar la vida de los otros.

La estructura del pensamiento de Ratzinger indica que considera que la violencia se debe a los extranjeros, incluyendo el personal de la Iglesia, quienes convencen a gente pobre inocente de que deben iniciar la lucha de clases. El hecho es que nadie puede inducir a la revolución —como descubrieron el Che Guevara y sus seguidores en Bolivia en 1967. Cuando la gente común se inclina por la violencia, es generalmente como último recurso y en su opinión es esencialmente autodefensa. En cualquier caso, no se deriva de la teología de la liberación.

Por casi veinte años algunos latinoamericanos han estado buscando una forma de no violencia activa apta para América Latina. Aunque admiran los ejemplos históricos de Gandhi, Martin Luther King y otros, están totalmente convencidos de que no pueden simplemente importar esas experiencias. El ganador del Premio Nobel de la Paz, Adolfo Pérez Esquivel, fue el primer secretario de todo el continente de una red de no violencia, ampliamente basada en la Iglesia, llamada Servicio, Justicia y Paz.

En 1984 el cardenal Arns de São Paulo escribió un memorándum al movimiento por la paz de Estados Unidos afirmando que la teología de la liberación es la "base ideológica" para la no violencia latinoamericana y preguntando cuál sería su equivalente en Estados Unidos. En otras palabras, contrariamente al estereotipo prevaleciente, el cardenal Arns considera que la teología de la liberación puede proporcionar la base para un compromiso explícito de no violencia.

Ratzinger afirma que el marxismo supone que la sociedad está "construida sobre la violencia", ya sea la violencia del orden presente o la violencia revolucionaria. Segundo contraataca afirmando que uno no debe suponer que Estados Unidos o Francia están construidos sobre la violencia porque pasaron por revoluciones.

En *Fe e ideologías* Segundo desarrolla con considerable amplitud su idea de que la guerra de guerrillas y la reacción que provoca destruyen la "ecología" social de la sociedad. Por ecología quiere decir toda la serie de relaciones que existen entre los seres humanos y entre ellos y su medio ambiente. Su sobria discusión está lejos de cualquier forma de romanticismo sobre la violencia revolucionaria.

Como menciona Ratzinger con evidente disgusto, algunos teólogos de la liberación plantean cuestionamientos sobre la eucaristía en una sociedad clasista. Claramente, la primera generación de cristianos consideró a la eucaristía como una celebración de hermandad en el Señor. Pablo reprende a la comunidad de Corinto porque cuando se reúne hay divisiones y facciones y algunos parten hambrientos mientras que otros hasta se embriagan (1 Cor.: 11). Con el paso de los siglos la eucaristía tomó rasgos de pompa de corte imperial que oscureció el significado original de la Última Cena del Señor.

Imaginemos una misa celebrada en presencia de los generales y coroneles que comparten la responsabilidad por la tortura y muerte de cientos o hasta miles de civiles. O imaginemos una misa en una parroquia en un barrio rico de una ciudad capital, donde el promedio de ingreso per cápita es cincuenta veces el de los campesinos que forman la mitad más baja de la población. Si en tales casos la misa sirve para tranquilizar conciencias, ¿no está desmintiendo el simbolismo? Por otra parte, si un grupo de campesinos está creciendo en su sentido de solidaridad con los demás y en la responsabilidad con los otros, ¿no es comprensible que la eucaristía se sienta como una celebración entre hermanos y hermanas? Y si hay una celebración a través de las líneas clasistas, ¿no debería expresar una ansia por la igualdad fundamental? Los teólogos latinoamericanos no dicen que la celebración de la eucaristía debe suspenderse hasta que surja una nueva sociedad, sino simplemente que el respeto por la eucaristía demanda que su simbolismo no se niegue. Por la misma razón es incorrecto afirmar, como lo hace Ratzinger, que los teólogos de la liberación niegan la "sacramentalidad" de la Iglesia (véase el capítulo 10). Como demuestra este caso, están preocupados porque la Iglesia sea realmente un "sacramento" —esto es, una señal— de la presencia de Cristo en el mundo.

Al afirmar que la telogía de la liberación cuestiona la naturaleza jerárquica de la Iglesia, sin duda Ratzinger quiere compararla con el tipo de reto planteado por teólogos europeos y estadunidenses, como el suizo Hans Küng. Los teólogos de la liberación, sin embargo, claramente han intentado distinguirse incluso de los teólogos "progresistas" europeos y estadunidenses. Una comparación puede ayudarnos. En su parte esencial, la crítica de Küng sobre la eclesiología católica romana prevaleciente llega a esto: por los escritos del Nuevo Testamento podemos ver que Jesús mismo no fundó una Iglesia, sino que más bien su vida y muerte (y por la fe, su resurrección) pusieron en marcha un movimiento que con el correr del tiempo adoptó formas cada vez más institucionales. Si las actuales formas del cargo eclesiástico, como los obispos y los sacerdotes, no derivan de Jesús mismo, hay lugar para otras variedades. Por ejemplo, no hay razones bíblicas para excluir a las mujeres de cualquier cargo eclesiástico. Similarmente, Küng y otros cuestionan la infalibilidad papal, diciendo que no tiene fundamento en las

Escrituras y que está basada en un concepto inadecuado de la verdad.

Esa línea de pensamiento está amenazando claramente todo el sistema de la Iglesia romana, al menos tal como se le ve desde el Vaticano. Es comprensible que Roma pueda declarar que Küng ya no enseña la doctrina católica y prohíba a las instituciones católicas darle empleo. No obstante, muchos teólogos que enseñan en departamentos católicos de teología sostienen posturas semejantes.

Indudablemente muchos teólogos latinoamericanos están de acuerdo con el empuje de la crítica de Küng en el campo erudito. Sin embargo, se han contenido de enarbolar ese estandarte, y su propia eclesiología puede considerarse como doctrinalmente conservadora. Por ejemplo, en su libro en que contesta la instrucción de Ratzinger, Juan Luis Segundo acepta explícitamente la noción católica de un *magisterium*, esto es, la autoridad oficial de enseñanza concedida al papa y a los obispos. Parte de su argumento es que la autoridad de enseñanza del Vaticano II, que él considera estar siguiendo, es mayor que la del cargo de Ratzinger.

La crítica latinoamericana que se aproxima a la de Küng es la del libro de Leonardo Boff *Iglesia: carisma y poder*. No obstante, la preocupación primordial de Boff es que la Iglesia sea realmente una Iglesia de los pobres. A diferencia de la mayoría de sus colegas latinoamericanos, plantea el asunto de los derechos humanos *dentro* de la Iglesia. En un punto cita con gran extensión a un laico católico brasileño que hace un paralelo punto por punto entre los estilos de gobierno del Kremlin y del Vaticano (p. ej., el papa y el secretario general del Partido Comunista de la URSS, la curia romana y el Politburó). Su intención no es cuestionar el principio de autoridad jerárquica, sino criticar, desde el punto de vista del llamado del Evangelio para servir a los pobres, su forma de operar.

La Iglesia de Ratzinger es ampliamente jerárquica y clerical. Sus suposiciones de clase se vuelven asombrosamente transparentes cuando afirma que "la Iglesia precisa de gente competente desde un punto de vista científico y tecnológico, así como en la ciencia humana y política" para poner en vigor su "enseñanza social", y después, en un párrafo adjunto asegura que la teología de la liberación está "popularizada" en las comunidades de base incapaces de ejercer algún "discernimiento" o "juicio crítico". Bajo esta lógica, los pastores deben tomar su norma en los asuntos políticos de los expertos laicos (de clase media), pero deben enseñar "discernimiento" a los miembros (pobres) de las comunidades de base. Los teóricos sociales con los que no está de acuerdo Ratzinger son incompetentes *ipso facto,* y los pobres no tienen nada que enseñar al clero o a los privilegiados.

Más de una vez Ratzinger insiste en que sus críticas no deben confortar a aquellos que oprimen a los pobres, y brevemente denuncia las oligarquías, las dictaduras militares y la violación de los derechos humanos. Su posición es que los "corazones" deben ser convertidos antes de que cambien las estructuras; rechaza la posición opuesta que dice que las estructuras deben cambiarse primero, como materialista. Los teólogos de la liberación no creen que las estructuras deben ser cambiadas primero. Más bien su experiencia es que los "corazones" se convierten a medida que el pueblo se une en solidaridad para luchar por un mundo más justo.

La fórmula de Ratzinger para toda la sociedad es la "doctrina social" de la Iglesia. Esa doctrina, formulada en los escritos de los papas en décadas recientes, ha dado lugar a diversas interpretaciones y parece ambigua. En los años treinta la visión de Pío XII parecía tan cercana al corporativismo que los dictadores, como Getúlio Vargas de Brasil y Juan Domingo Perón de Argentina, pudieron invocarla. Más recientemente, los partidos democristianos han proclamado haberse inspirado en ella y han recibido apoyo directo e indirecto de los obispos, aunque han intentado insistir en su independencia de la jerarquía. Donald Dorr titula su historia de la doctrina social *Option for the poor,* mientras que Michael Novak, en *Freedom with justice,* considera que la misma doctrina señala hacia su propia visión de capitalismo democrático, aunque no necesariamente. ¿Tiene en mente la "doctrina social" un modelo particular de sociedad? Denuncia tanto al capitalismo como al socialismo en sus formas presentes. ¿Imagina una forma híbrida, o lógicamente conduce a alguna forma de anarquismo comunitario? Invocar la "doctrina social" de la Iglesia no termina en ninguna forma la discusión.

Desde el principio, la teología de la liberación ha sido polémica. Los teólogos le dedican una buena parte de su energía para responder a las objeciones, ya sean explícitas o implícitas. La discusión es más que académica, sin embargo, ya que están defendiendo la legitimidad del modelo liberador del trabajo pastoral. Tampoco la racionalidad sola acabará con la controversia. Tras los puntos particulares en discusión están mentalidades profundamente opuestas, exactamente igual que como se alinean oponentes y defensores de la "Guerra de las galaxias" según sus puntos de vista básicos sobre el mundo.

Cualquier resolución será encontrada en la práctica, ya que los cristianos latinoamericanos continúan luchando por una sociedad más justa y más humana.

13. MIRANDO HACIA ADELANTE

La futurología es una empresa imposible. Lo que es cierto sobre el futuro es que va a traernos sorpresas. Con ello en mente termino este libro con algunas observaciones modestas sobre otras implicaciones de la teología de la liberación.

En primer lugar, sin embargo, valdría la pena resumir el impacto que la teología de la liberación ha tenido ya durante los últimos veinte años. Muchos latinoamericanos han hallado en ella una clave para entender sus vidas y destinos en términos bíblicos. Encuentran un renovado sentido del significado del cristianismo. Muchos han sido asesinados por atreverse a seguir los dictados de su fe como ellos la entienden. Antes del trabajo intelectual de los teólogos está esta realidad de sufrimiento y lucha.

Una señal de que su trabajo intelectual está alcanzando madurez fue la publicación en 1985 de los primeros volúmenes de las series sobre Liberación y Teología. A principios de la década el teólogo chileno Sergio Torres y otros creyeron que era ya tiempo de presentar una recapitulación de teología latinoamericana similar a las obras enciclopédicas de teología clásica. Cerca de cuarenta teólogos, casi todos los que han publicado material significativo, han participado planeando reuniones y han aceptado responsabilidades de escritos. La mayor parte de los más de cincuenta volúmenes tienen coautores.

Los tópicos iniciales se agrupan en torno al título "Experiencia de Dios y lucha por la justicia", y van seguidos por títulos relacionados con temas teológicos clásicos: revelación, Dios, Jesucristo, Espíritu, Trinidad, creación e historia, pecado y conversión, la Iglesia, sacramentos, María, etc. Otros volúmenes tratan cuestiones de política, derechos humanos, evangelización en una sociedad clasista, economía (incluyendo un volumen sobre los aspectos pastoral y teológico de la tierra), y grupos particulares: mujeres, indios y afroamericanos.

Queda por ver si esta obra abrirá nuevos caminos o si es principalmente una consolidación y codificación de un trabajo ya realizado. Por supuesto, también es muy posible que los teólogos latinoamericanos hayan alcanzado de hecho una especie de meseta y que tengan relativamente poco que decir en el futuro inmediato. Si ése es el caso, sospecho que se reflejará en la situación general de América Latina. Durante los años sesenta el cambio revolucionario parecía estar en camino; lo que realmente sucedió, sin embargo, fue la contrarrevolución, encarnada en las dictaduras militares de los años setenta. La mayoría de ellas han dado paso a gobiernos civiles, los que no obstante son incapaces de producir los cambios estructurales básicos que se necesitan. Por lo tanto, hay una especie de callejón sin salida. No sería sorprendente que la teología de la liberación reflejara esto.

Una pregunta obvia es el futuro de esta teología dentro de la Iglesia católica. Ciertamente, los intentos del Vaticano para poner riendas a teólogos como Boff y Gutiérrez indican seria tensión. No obstante, como he venido señalando en este libro, mucho de lo que es central en la teología de la liberación está conservado como reliquia dentro de la enseñanza oficial católica (Vaticano II, Medellín, los sínodos de obispos de 1971 y 1974, y Puebla). Algunas posiciones parecen irreversibles: que hay una estrecha unión entre liberación y salvación; que la Iglesia debe optar por los pobres; que ninguna defensa de la libertad o de la civilización "cristiana" puede legitimar el asesinato de aquellos que se levantan para defender sus derechos; que el respeto total de los derechos humanos, incluyendo el derecho al trabajo y la comida, exigirán un nuevo tipo de sociedad —estas nociones y otras similares forman parte de la enseñanza oficial católica.

Algunos asuntos siguen siendo polémicos: el uso de categorías marxistas, el papel apropiado de la Iglesia en la esfera política, el sitio de las comunidades de base en la Iglesia como un todo. Esas cuestiones no pueden ser resueltas por una orden. Aun si, por ejemplo, las autoridades de la Iglesia continúan advirtiendo en contra del uso de categorías marxistas, los problemas subyacentes no se evaporarán. Un pequeño grupo de individuos seguirán teniendo riqueza y poder desproporcionados sobre el resto de la sociedad, ya sea que se llamen capitalistas o gentes de negocios, empresarios u oligarcas.

Las autoridades eclesiásticas pueden ser capaces de limitar el impacto de la teología de la liberación restando importancia a lo que se ha convertido ya en enseñanza oficial y calificándola con otro tipo de discurso ("comunión y participación" como opuesto a "liberación"). Más aún, una política congruente en el nombramiento de conservadores como obispos y que mantenga un rígido control sobre los seminarios puede asegurar que los sectores radicalizados del clero y de la jerarquía sigan siendo una minoría.

Sin embargo, mi intuición me dice que los mismos acontecimientos pueden muy bien sobrepasar esas estrategias. Muchos latinoamericanos creen que sus actuales luchas son nada menos que una "segunda independencia": al luchar por la liberación están continuando el asunto inconcluso de sus orígenes como naciones. No obstante, la forma de esas luchas no puede determinarse de antemano. La revolución de Nicaragua puede inspirar a los brasileños, pero no proporciona un modelo para su propia obra de liberación.

No obstante el sentido de *impasse,* estos latinoamericanos están convencidos de que la historia está de su parte. Un genuino desarrollo en el actual orden mundial es imposible. La presente crisis, ejemplificada en la deuda externa, es tan sólo la manifestación de una crisis de largo alcance que se resolverá únicamente por medio de la lucha tanto dentro de sus propios países como internacionalmente. Esa lucha es económica, pero también es política, social y cultural.

Una analogía podría ayudarnos. Las mujeres en la Iglesia católica están exigiendo que termine el monopolio masculino del poder y la autoridad. Su exigencia por la igualdad se expresa en el movimiento para tener acceso al sacerdocio. En un nivel más profundo es una crítica de todo lo patriarcal de la Iglesia. Actualmente hay algo así como un consenso erudito de que no existen razones legítimas, escriturísticas o teológicas, para excluir a las mujeres de la ordenación. El Vaticano y los obispos, aunque hacen declaraciones ocasionales sobre el papel de la mujer en la Iglesia, se han rehusado tenazmente a considerar la ordenación. Sin embargo, el asunto no va a desaparecer, ya que el hecho es que cerca de la mitad de la Iglesia está constituida por mujeres. En realidad, las mujeres hacen considerablemente más de la mitad de la labor diaria de la Iglesia.

Las autoridades eclesiásticas pueden hacer declaraciones y tomar acciones disciplinarias, pero ni siquiera el papa puede negar por decreto que la vasta mayoría de los latinoamericanos sufre pobreza. Por lo tanto, los asuntos provocados por la teología de la liberación y feminista no van a desaparecer.

Desde esta perspectiva, la teología latinoamericana de la liberación —por importante que sea— es tan sólo un aspecto de un movimiento mayor: el surgimiento de los excluidos —mujeres, no blancos, los pobres— al escenario de la historia. Su destino está inseparablemente unido a ese movimiento más amplio.

La teología de la liberación está teniendo un impacto de rebote en Estados Unidos. En casi todo acto público de protesta por la política del país en Centroamérica, la mitad o más de los participantes se han comprometido a través de organizaciones eclesiásticas. Algunas de las iniciativas principales provienen de grupos religiosos. El empuje inicial fue el asesinato en marzo de 1980 del arzobispo Romero (que más tarde se reveló que había sido ejecutado por individuos que iban a convertirse en "contras" nicaragüenses), seguido por el secuestro y asesinato de las religiosas estadunidenses en diciembre de ese mismo año. Las iglesias han acogido refugiados centroamericanos que huyen de la violencia en sus países, la cual aumenta por la política norteamericana. Cuando el gobierno de Estados Unidos, haciendo caso omiso de la ley internacional de refugiados empezó a deportar refugiados centroamericanos, una iglesia en Tucson se declaró asilo público. Desde entonces, cerca de trescientas congregaciones en Estados Unidos, apoyadas por muchas más, se han declarado asilo. Como resultado, muchos norteamericanos han podido encontrarse con salvadoreños y guatemaltecos y escuchar sus experiencias de primera mano. Cerca de dos mil personas han ido a Nicaragua en delegaciones de Witness for Peace (Testigos para la paz) para dar testimonio de no violencia a su oposición a la política de Estados Unidos. Personal de la Iglesia fueron también los organizadores principales de la Pledge of resistance (Compromiso de resistencia), una especie de movilización prioritaria de más de ochenta mil individuos listos para comprometerse en manifestaciones masivas y desobediencia civil en caso de una invasión norteamericana u otra escalada mayor en Centroamérica. En esos esfuerzos de solidaridad la gente encuentra que su propia fe religiosa se profundiza.

He descrito la teología de la liberación como

1. Una interpretación de la fe cristiana por el sufrimiento, la lucha y la esperanza por los pobres.

2. Una crítica teológica de la sociedad y de sus apuntalamientos ideológicos.

3. Una crítica de la práctica de la Iglesia y de los cristianos.

Esa clase de empeño ciertamente no está limitado a América Latina, como queda claro en el caso de las teologías feministas, negra y del Tercer Mundo. ¿Puede ocurrir algo similar dentro de la corriente principal de las iglesias norteamericanas? Como he sugerido, detrás de la implicación de las iglesias apoyando a los refugiados centroamericanos y oponiéndose a la política de

Estados Unidos en Centroamérica, ya hay algo como una teología de la liberación actuando.

En verdad creo que las cartas pastorales de los obispos católicos norteamericanos sobre armas nucleares y sobre economía norteamericana pueden interpretarse como los equivalentes funcionales de los documentos de Medellín de 1968 en América Latina. Ciertamente, existen importantes diferencias. Los documentos de los obispos son el resultado de una consulta mucho más extensa e incorporan la experiencia de la generación católica posterior al Vaticano II.

Los obispos ven su carta sobre la paz como un punto de partida para una "teología de la paz" que consideran debe desarrollarse. Esa teología se apoyaría en "estudios bíblicos, teología sistemática y moral, eclesiología, así como en la experiencia y las percepciones de miembros de la Iglesia que han luchado en varias formas para lograr y mantener la paz en esta era a menudo violenta". Continúan afirmando que dicha teología deberá

> fundamentar la tarea de la paz sólidamente en la visión bíblica del Reino de Dios, y después colocarla centralmente en el ministerio de la Iglesia. Debe precisar los obstáculos en el camino de la paz, como se entienden teológicamente y en las ciencias sociales y políticas. Debe identificar tanto las contribuciones específicas que puede hacer una comunidad en la fe para la obra de paz y relacionar éstas con la labor general por la paz proseguida por otros grupos e instituciones de la sociedad. Finalmente, una teología de la paz debe incluir un mensaje de esperanza.

Sustituyendo la palabra "liberación" por "paz", daría una buena descripción de la teología que he estado delineando en este libro.

Muchos de los temas que destacan los obispos norteamericanos son centrales en la teología de la liberación: la unidad de la familia humana, la dignidad de cada individuo, la idolatría de la "búsqueda de poder irrestricto y el deseo de una enorme riqueza". Los obispos declaran que "como individuos y como nación [. . .] estamos llamados a tomar una fundamental 'opción por los pobres' ", y dicen que cualquier economía debe ser evaluada en términos de su impacto sobre los pobres.

No quiero decir cooptar a los obispos católicos para la teología de la liberación. Ellos declaran explícitamente que no intentan cuestionar el sistema económico de Estados Unidos como tal, sino simplemente señalar hacia áreas que requieren mayor desarrollo: un "nuevo experimento norteamericano" para extender la democracia hacia la esfera económica. Mucho de lo que dicen pide mayor desarrollo. Por ejemplo, pienso que es de incumbencia de la Iglesia el cuestionar seriamente el patológico antisovietismo que es endémico en la cultura norteamericana. Del mismo modo, pienso que es importante preguntarse cómo han coexistido pacíficamente las iglesias con armas nucleares desde 1945 hasta principios de los años ochenta y examinar los efectos culturales y sociales de ser ciudadanos de una superpotencia. ¿Hasta dónde, en otras palabras, hemos interiorizado nuestra posesión de armas nucleares que ya son parte de nuestra identidad y nos sentiríamos desnudos y desprotegidos sin ellas? ¿No hay una relación entre la posesión por parte de Estados Unidos del último adelanto en amenaza y su deseo de intimidar a las pequeñas y empobrecidas naciones centroamericanas? Creo que preguntas así tienen una dimensión religiosa y están implícitas en la clase de mayor desarrollo que piden los obispos.

Lo que quiero destacar más, sin embargo, es que veo una afinidad entre la teología de liberación latinoamericana y estas cartas pastorales. El hecho de que Michael Novak se sintiera llamado a publicar una crítica de la carta sobre armas nucleares que ocupó todo un número de *National Review* y que encabezó un comité laico para responder a la carta sobre economía, confirma mi intuición.

Las cartas pastorales, así como Medellín, Puebla y la teología de la liberación, son pues una respuesta a un profundo cuestionamiento en los creyentes cristianos: ¿qué implicación —si hay alguna— tiene la fe cristiana en los grandes retos sociales de finales del siglo XX?

Algunos creyentes sostienen que la religión es verdaderamente un asunto interno y no tiene impacto en el mundo público más amplio. Por su parte los evangelistas de la televisión no tienen dificultad para encontrar fundamentos teológicos para un virulento antisovietismo y un desbocado militarismo.

Pienso que es razonable esperar que en los próximos años la interpretación de la religión continuará debatiéndose en el ámbito público, tanto en América Latina como fuera de ella —en Estados Unidos y en Europa. Habrá un conflicto público sobre teologías en competencia, se llamen por ese nombre o no. Ese tipo de controversias continuará seguramente mientras la crisis subyacente siga sin resolverse.

REFERENCIAS

CAPÍTULO 1

Sobre asuntos históricos véase Enrique Dussel, *A history of the Church in Latin America: colonialism to liberation (1492-1979)*, Grand Rapids, Mich., William B. Eerdmans Publishing Company, 1981; Pablo Richard, *Morte das cristiandades e nascimento da Igreja*, São Paulo, Paulinas, 1984.

Sobre Las Casas y los otros obispos que defendieron a los indios, véase Enrique Dussel, *El episcopado latinoamericano y la liberación de los pobres 1504-1620*, México, Centro de Reflexión Teológica, 1979, esp. pp. 325-334.

Sobre Camilo Torres véase Walter J. Broderick, *Camilo Torres: A biography of the priest-guerrillero*, Garden City, N. Y., Doubleday, 1975. Cita del "Mensaje a los cristianos", en Camilo Torres, *Cristianismo y revolución*, Oscar Maldonado, Guitemie Oliviéri y Germán Zabala (comps.), México, Era, 1970, p. 525.

Cita de Paulo VI: *Populorum Progressio*, en Joseph Gremillion (comp.), *The Gospel of peace and justice*, Maryknoll, N. Y., Orbis Books, 1976, p. 396.

Documentos de Medellín: CELAM, *La Iglesia en la actual transformación de América Latina a la luz del Concilio*, vol. II: *Conclusiones*, Bogotá, CELAM, 1969, p. 43. (De aquí en adelante citado como "Medellín".)

Para un examen de la fase temprana de la teología de la liberación: Phillip Berryman, "Latin American Liberation Theology", en Sergio Torres y John Eagleson (comps.), *Theology in the Americas*, Maryknoll, N. Y., Orbis Books, 1976, pp. 20-83. El artículo de Methol Ferre, "Iglesia y sociedad opulenta, una crítica a Suenens desde América Latina", fue un suplemento especial de la revista uruguaya *Víspera*.

Sobre los Cristianos por el Socialismo: John Eagleson (comp.), *Christians and socialism: documentation of the christians for socialism movement in Latin America*, Maryknoll, N. Y., Orbis Books, 1975, esp. el documento final, pp. 160-175; cita de la p. 174.

CAPÍTULO 2

Comentario de Beting: Frei Betto, *Fidel Castro y la religión: Conversaciones con Frei Betto*, México, Siglo XXI, 1986.

Sobre la pobreza como tema teológico: Gustavo Gutiérrez, *A theology of liberation,* Maryknoll, N. Y., Orbis Books, 1973, pp. 287*ss*. Cita de p. 300. Cita de Medellín, documento sobre la pobreza, par. 5, p. 209.

Freire presenta sus ideas muy sistemáticamente en *Pedagogía del oprimido,* México, Siglo XXI, 1970 y *La educación como práctica de la libertad,* México, Siglo XXI, 1969.

Para un sentido de evangelización/concientización véase *Pastoral team of Bambamarca. Vamos caminando: A Peruvian catechism,* Maryknoll, N. Y., Orbis Books, 1985. Este libro, que contiene docenas de lineamientos de discusión, es un magnífico ejemplo de este tipo de pedagogía. La mayoría de las lecciones tienen un caso de estudio situado dentro de una área ficticia de la altiplanicie de Perú, con sugestivas preguntas para discutir. Algunas de las discusiones se inician con un pasaje de las Escrituras.

Documento de Puebla: John Eagleson y Phillip Sharper (comps.), *Puebla and beyond: Documentation and commentary,* trad. John Drury, Maryknoll, N. Y., Orbis Books, 1979, pars. 28, 1209, 1134 (en adelante citado como "Puebla").

CAPÍTULO 3

Las citas bíblicas se toman de la Santa Biblia.

Transcripciones de varios años de reflexiones bíblicas en conjunto por un grupo de familias de pescadores junto con el poeta Ernesto Cardenal se encuentran en Ernesto Cardenal, *The Gospel in Solentiname,* 4 vols., Maryknoll, N. Y., Orbis Books, 1982.

Profecía: Jon Sobrino, *Monseñor Romero: verdadero profeta,* Managua, IHCA-CAV, 1981. Puebla, par. 267.

Cita de Frei Betto en Guillermo Cook, *The expectation of the poor: Latin American basic ecclesial communities in protestant perspective,* Maryknoll, N. Y., Orbis Books, 1985, p. 110.

La exposición más sistemática sobre los principios de interpretación subyacentes en la teología de la liberación se encuentran en Clodovis Boff, *Teologia e prática: teologia do político e suas mediações,* Petrópolis, Brasil, Vozes, 1978, esp. sec. 2, pp. 131-271. Para una forma más corta véase J. Severino Croatto, "Biblical hermeneutics in the theologies of liberation", en Virginia Fabella y Sergio Torres (comps.), *Irruption of the Third World: challenge to theology,* Maryknoll, N. Y., Orbis Books, 1983, pp. 140-170; y Croatto, *Exodus: a hermeneutics of freedom,* Maryknoll, N. Y., Orbis Books, 1981.

CAPÍTULO 4

Las cifras sobre el número de las comunidades de base aparentan ser una estimación burda o aun una extrapolación. Hay una carencia sorprendente de investigación sobre las comunidades de base. En *Ecclesiogenesis: the base communities reinvent the Church,* Maryknoll, N. Y., Orbis Books, 1986, pp. 3*ss.*, Leonardo Boff cita el incidente en Barra do Piraí como su punto de partida. Scott Mainwaring, *The Catholic Church and politics in Brazil. 1916-1982* (disertación; de próxima publicación), dice que ninguna de las comunidades actuales puede situarse más allá de aproximadamente 1963. Sobre las comunidades de base véase Cook, *The expectations of the poor.*

Estadísticas de Aguilares: Salvador Carranza, "Aguilares, una experiencia de evangelización rural parroquial", *ECA,* núms. 348/349, octubre-noviembre de 1977: 845; y UCA Editores, *Rutilio Grande: Mártir de la evangelización rural en El Salvador,* San Salvador, UCA Editores, 1978, p. 75.

Sobre basismo véase Scott Mainwaring, "The Catholic Church. Popular education, and political change in Brazil", *Journal of Interamerican Studies and World Affairs* 26, núm. 1, febrero de 1984, 97-124.

Sobre encuentros nacionales de comunidades de base en Brasil, véase Leonardo Boff, *Ecclesiogenesis,* pp. 35*ss.* Véase también J. B. Libanio, "Igreja: Povo oprimodo que se organiza para a liberação", *Revista Eclesiastica Brasileira* 41, fasc. 16, junio de 1981, pp. 197-311; y Clodovis Boff, "Crônica do V Encontro Intereclesial de Comunidades de Base, Canindé, CE, 04 a 08-07-1983", *Revista Eclesiastica Brasileira* 43, fasc. 171, septiembre de 1983, pp. 471-493.

Sobre nueva actividad misionera por miembros de las comunidades de base: Joseph Comblin, "O novo ministerio de missionario na America Latina", en *Revista Eclesiastica Brasileira* 40, fasc. 160, diciembre de 1980, pp. 626-655.

CAPÍTULO 5

El "diario teológico" de Clodovis Boff: *Teologia Pê-No-Chão,* Petrópolis, Brasil, Vozes, 1984; Metodología: *Teologia e Prática: teologia do político e suas mediações,* Petrópolis, Brasil, Vozes, 1978.

Ensayo de Sobrino: "Unity and conflict in the Church" en Jon Sobrino, *The true Church and the poor,* Maryknoll, N. Y., Orbis Books, 1984, pp. 194-227.

Ensayo de Segundo: "Two theologies of liberation", *The Month,* Londres, octubre de 1984, pp. 321-327.

Distinciones de Boff sobre ciencia social: *Teologia e prática,* pp. 122*ss.* Cita de Leonardo Boff y Clodovis Boff, *Salvation and liberation,* Maryknoll, N. Y., Orbis Books, 1984, p. 50.

La cita de Prebisch es mencionada en Ronald H. Chilcote, *Theories of development and under-development,* Boulder, Colo., Westview Press, 1984, p. 26. El libro de Chilcote proporciona un útil bosquejo de la discusión sobre la dependencia, como lo hace su *Theories of comparative politics: the search of a paradigm,* Boulder, Colo., Westview Press, 1981.

Cita de Segundo: Rosino Gibellini (comp.), *Frontiers of theology in Latin America,* Maryknoll, N. Y., Orbis Books, 1979, pp. 249-250.

Sobre la estrategia económica de Nicaragua: Michael E. Conroy, "Economic legacy and policies: performance and critique", en Thomas W. Walker (comp.), *Nicaragua: the first five years,* Nueva York, Praeger, 1985, pp. 219-244. Para un estudio teórico importante véase E. V. FitzGerald, "Planned accumulation and income distribution in the small peripheral economy", en George Irvin y Xabier Gorostiaga (comps.), *Towards an alternative for Central America and the Caribbean,* Londres, George Allen & Unwin, 1985, pp. 95-110. Véase también Joseph Collins, Frances Moore Lappé y Nick Allen, *Nicaragua: what difference could a revolution make,* ed. rev., San Francisco, Institute for Food and Development Policy, 1985.

Cita de *Populorum Progressio*: Joseph Gremillion (comp.), *The Gospel of peace and justice,* Maryknoll, N. Y., Orbis Books, par. 21, p. 393 (traducción ligeramente modificada).

Citas de Gutiérrez: Gutiérrez, *A theology of liberation,* pp. 36-37. Para una comparación muy instructiva entre la teología de la liberación y la "teoría crítica", véase Joseph Kroger, "Prophetic-critical and practical-strategic task of theology: Habermas and liberation theology", *Theological Studies* 46, 1985; 3-20.

CAPÍTULO 6

La mejor relación sobre la experiencia de la Iglesia durante los años setenta es la de Penny Lernoux, *Cry of the people: the struggle for human rigts in Latin America: the Catholic Church in conflict with U. S. Policy,* Nueva York, Penguin, 1982. Enrique Dussel, *De Medellín a Puebla: una década de sangre y esperanza 1968-1979,* México, Edicol, 1979, reúne una enorme cantidad de material valioso.

Vekemans y la CIA: Lernoux, *Cry of the people,* p. 26. Estadísticas sobre personal de la Iglesia asesinado: *ibid.,* pp. 463*ss.*

"Plan Banzer": *Ibid.,* pp. 142-147.

CAPÍTULO 7

Cita de los obispos guatemaltecos: "Unidos en la esperanza", en UCA Editores, *Los obispos latinoamericanos entre Medellín y Puebla: docu-*

mentos episcopales 1968-1979, San Salvador, UCA Editores, 1978, p. 183. Para una colección masiva de declaraciones episcopales cf. José Marins, Teolide M. Trevisán y Carolee Chanoma, *Praxis de los padres de América Latina: los documentos de las conferencias episcopales de Medellín a Puebla (1968-1978),* Bogotá, Paulinas, 1978.

Publicaciones DEI: Hugo Assmann (comp.), *Carter y la lógica del imperialismo,* 2 vols., San José, Costa Rica, EDUCA, 1978; y Elsa Támez y Saúl Trinidad (comps.), *Capitalismo: Violencia y anti-vida: la opresión de las mayorías y la domesticación de los dioses,* 2 vols., San José, Costa Rica, EDUCA, 1981. El ensayo de Segundo sobre *Capitalismo,* vol. 2, pp. 339-352, cita de la p. 348.

Sobre el Estado de seguridad nacional: Obispo Cândido Padín, "A doctrina de Segurança Nacional", *Revista Eclesiastica Brasileira* 37, fasc. 146, junio de 1977, pp. 331-342. Joseph Comblin, *The Church and the National Security State, passim,* esp., caps. 4-6; su crítica teológica de la ideología de la seguridad nacional se encuentra en pp. 88*ss.* Puebla sobre la ideología de la seguridad nacional, pars. 314, 547, 1262.

Documentos de los obispos del noreste y centro de Brasil: UCA Editores (comps.), *Los obispos latinoamericanos,* pp. 40*ss.* y 64*ss.*; citas en pp. 62 y 71.

CAPÍTULO 8

Cita del Vaticano II: "Pastoral constitution of the Church in the modern world", en Walter M. Abbot (comp.), *The documents in Vatican II,* Nueva York, America Press, 1966, par. 76, p. 287.

Paulo VI: *Octogesima Adveniens,* en Gremillion, *The Gospel of peace and justice,* pars. 24-36, pp. 497-501. Puebla sobre política, pars. 513-530.

Sobre la Iglesia y las organizaciones populares: Phillip Berryman, *The religious roots of rebellion: christians in Central American revolutions,* Maryknoll, N. Y., Orbis Books, 1984, caps. 4-6 y pp. 337*ss.*

Discusión sobre ideologías: Los "teólogos de Caracas" permanecieron anónimos probablemente por razones de seguridad o quizás para evitar problemas innecesarios con las autoridades eclesiásticas. La discusión sobre ideologías puede encontrarse en *Iglesia que nace del pueblo: reflexiones y problemas,* México, Centro de Reflexión Teológica, 1978, pp. 30*ss.* Puebla sobre las ideologías, pars. 535*ss.*

Discusión sobre cristiandad: Pablo Richard, *Morte das cristiandades e nascimento da Igreja: analise historica e interpretação teológica da Igreja na America Latina,* São Paulo, Paulinas, 1984. La forma original es *Mort des chrétientés et naissance de l'Eglise,* París, Centre Lebret, 1978. Su reflexión sobre Nicaragua se encuentra en "Identidad eclesial en el proceso revolucionario", en CAV-IHCA (Centro Antonio Valdiviesco-Instituto Histórico Centroamericano), *Apuntes para una teología nicaragüense,* Managua, CAV-IHCA, 1981, pp. 91-103. Comblin sobre cristiandad: *O tempo da Ação: ensaio sobre o espírito e a história,* Petrópolis, Brasil, Vozes, 1982, cap. 4, "O desafio da cristiandade".

CAPÍTULO 9

Nota sobre "relación educada": Juan Luis Segundo, *Theology and the Church: a response to cardinal Ratzinger and a warning to the whole Church,* Minneapolis, Seabury-Winston, 1985, p. 91.

Uso del marxismo: Teólogos de Caracas, *Iglesia que nace del pueblo,* pp. 42-59.

Sobre la Iglesia en Nicaragua la literatura es inmensa: véase Berryman, *Religious roots,* cap. 8; y Michael Dodson y Laura Nuzzi O'Shaughnessy, "Religion and politics", en Walker (comp.), *Nicaragua: the first five years,* pp. 119-143. Para un ataque bien escrito sobre los sandinistas y los cristianos que apoyan la revolución, véase Humberto Belli, *Breaking faith: The Sandinista Revolution and its impact on freedom and christian faith in Nicaragua,* Garden City, Mich., Puebla Institute, 1985. Para los fundamentos teológicos para un compromiso cristiano activo, véase Berryman, *Religious roots, passim,* esp. pp. 354*ss.*; y Juan Hernández Pico, "The experience of Nicaragua's revolutionary christians", en Sergio Torres y John Eagleson (comps.), *The challenge of basic christians communities,* Maryknoll, N. Y., Orbis Books, 1981, pp. 62-73. Véase también IHCA, *Fe cristiana y revolución sandinista en Nicaragua,* Managua, IHCA, 1979; IHCA-CAV, *Apuntes para una teología nicaragüense,* San José, Costa Rica, DEI, 1981; y las dos obras compiladas por Teófilo Cabestrero, *Ministers of God, ministers of the people,* Maryknoll, N. Y., Orbis Books, 1984, y *Revolutionaries for the Gospel: testimonies of fifteen christians in the Nicaraguan government,* Maryknoll, N. Y., Orbis Books, 1986. Para la crítica sobre la revolución véase IHCA-CAV, *Los cristianos interpelan a la revolución: fidelidad crítica en el proceso de Nicaragua,* Managua, IHCA-CAV, 1981. Este corto libro contiene el texto preparado por los cristianos de clase media sobre la revolución que se reflejó en siete retos, y las respuestas de cristianos y sandinistas en la conferencia dos meses después sobre discusiones rurales.

Teólogos tratando sobre marxismo: José Porfirio Miranda, *Marx and the Bible: a critique of the philosophy of oppression,* Maryknoll, N. Y., Orbis Books, 1974; *Comunismo en la Biblia,* México, Siglo XXI, 1981, *Marx against the Marxists,* Maryknoll, N. Y., Orbis Books, 1980.

Fetichismo: Franz Hinkelammert, *The ideological weapons of death,* Maryknoll, N. Y., Orbis Books, 1986. Hugo Assmann, "O uso de simbolos biblicos em Marx", *Revista Eclesiastica Brasileira* 45, fasc. 178, junio de 1985; cita de Assmann, p. 329.

CAPÍTULO 10

Sobre idolatría: Véase Pablo Ricard *et al.*, *The battle of the Gods,* Maryknoll, N. Y., Orbis Books, 1984, esp. Jon Sobrino, "The Epiphany of the God of life in Jesus Christ", pp. 66-102. Sobrino expresa ideas similares sobre trascendencia en "Dios y los procesos revolucionarios", en CAV-IHCA, *Apuntes para una teología nicaragüense,* pp. 105-129.

Iglesia y Reino: prácticamente todos los teólogos tratan este tema. Es uno de los puntos unificadores de los ensayos de Ignacio Ellacuría reunidos en *Conversión de la Iglesia al Reino de Dios: para anunciarlo y realizarlo en la historia,* San Salvador, UCA Editores, 1985.

Cita de Sobrino: "The witness of the Church in Latin American", en Torres y Eagleson (comps.), *The challenge of basic christian communities,* p. 166.

CAPÍTULO 11

El diálogo teológico del Tercer Mundo está documentado en los volúmenes que han surgido de las conferencias de la EATWOT (Ecumenical Association of Third World Theologians), todas publicadas por Orbis Books: Sergio Torres y Virginia Fabella (comps.), *The emergent Gospel: theology from the underside of history* (1978); Kofi Appiah-Kubi y Sergio Torres (comps.), *African theology en route* (1978); Virginia Fabella (comp.), *Asia's struggle for a full humanity* (1980); Sergio Torres y John Eagleson (comps.), *The challenge of basic christians communities* (1981); Virginia Fabella y Sergio Torres (comps.), *Irruption of the Third World: challenge to theology* (1983); y Fabella y Torres (comps.), *Doing theology in a divided world* (1985). El pasaje "Irrupción" en Fabella y Torres (comps.), *Irruption,* p. 195.

Teología *minjung*: Fabella y Torres (comps.), *Irruption,* p. 70.

Tissa Balasuriya, *Planetary theology,* Maryknoll, N. Y., Orbis Books, 1984.

Ensayos de Pieris: "Towards an Asian theology of liberation: some religio-cultural guidelines", en Fabella (comp.), *Asia's struggle,* pp. 75-95; y "The place of non-christian religions and cultures in the evolution of Third World theology", en Fabella y Torres (comps.), *Irruption,* pp. 113-139.

Teología negra: muchos documentos y ensayos están reunidos en Gayraud S. Wilmore y James H. Cone (comps.), *Black theology: a documentary history, 1966-1979,* Maryknoll, N. Y., Orbis Books, 1979.

For my people: black theology and the black Church, Maryknoll, N. Y., Orbis Books, 1984, representa una declaración reciente sobre la postura de James Cone. Cita de Wilmore y Cone (comps.), *Black theology,* p. 101. Véase también Allan Aubrey Boesak, *Farewell to innocense: a socio-ethical study on black theology and power,* Maryknoll, N. Y., Orbis Books, 1977.

Iglesia y teología hispanas: Antonio M. Arroyo (comp.), *Prophets denied honor: an anthology on the Hispanic Church in the United States,* Maryknoll, N. Y., Orbis Books, 1980. Virgilio Elizondo, *Galilean journey: The Mexican-American promise,* Maryknoll, N. Y., Orbis Books, 1983.

Teología feminista: Cora Ferro, "The Latin American woman: the praxis and theology of liberation", en Torres y Eagleson (comps.), *The Challenge,* pp. 24-37; cita de la p. 33. Elisabeth Schüssler-Fiorenza, " 'You are not to be called father': Early christian history in a feminist perspective", y Luise Schottroff, "Women as followers of Jesus in New Testament times: an exercise in social-historical exegesis of the Bible", ambos en Norman K. Gottwald (comp.), *The Bible and liberation: political and social hermeneutics,* Maryknoll, N. Y., Orbis Books, 1983, pp. 394-417 y 418-427. Rosemary Radford Ruether, *Sexism and Gold-talk: toward a feminist theology,* Boston, Beacon Press, 1983, esp. pp. 61, 66, 85, 138, 231-233, 254 y 257.

CAPÍTULO 12

Críticas a la teología de la liberación: CELAM, *Liberación: diálogos en el CELAM,* Bogotá, Secretariado General del CELAM, 1974. Las contribuciones de López Trujillo, Poblete y Kloppenburg resumen las principales objeciones bastante bien. James V. Schall (comp.), *Liberation theology in Latin America,* San Francisco, Ignatius Press, 1982, es también un buen resumen. Gerard Berghoef y Lester DeKoster, *Liberation theology: the Church's future shock — Explanation, análysis, critique, alternative,* proporciona una crítica evangelista. Michael Novak argumenta su posición en, "The case against liberation theology", *New York Times Magazine,* 21 de octubre de 1984, pp. 51*ss.*; *The spirit of democratic capitalism,* Nueva York, Simon & Schuster, 1982, esp. pp. 271-314; *Freedom with justice: Catholic social thought and liberal institutions,* San Francisco, Harper & Row, 1984, esp. pp. 183-194.

Referencia a Wolf: Eric R. Wolf, *Europe and the people without history,* Berkeley, University of California Press, 1982. Los ensayos de Ramos "Reflections on Gustavo Gutiérrez's theology of liberation", "Dependency and development: an attempt to clarify the issues", "On the prospects for social market democracy —or democratic capitalism— in Latin America" y "Latin America: The end of democratic reformism?", así como de Sergio Molina y Sebastián Piñera, "Extreme poverty in Latin America", se encuentran en Michael Novak (comp.), *Liberation south, liberation north,* Washington, D. C., American Enterprise Institute, 1981. La cita de Novak de *The spirit of democratic capitalism,* p. 278.

Índice sobre la calidad física de vida: Morris David Morris, *Measuring the condition of the world's poor: the physical quality of life index,* Nueva York, Pergamon Press, 1979, esp. datos en pp. 130-132.

Sobre Cuba: Claes Brundenius, "Development strategies and basic needs in revolutionary Cuba", en Claes Brundenius y Mats Lundhal (comps.), *Development strategies and basic needs in Latin America: challenges for the 1980s,* Boulder, Colo., Westview Press, 1982, p. 156. Para datos comparando Brasil, Perú y Cuba, véase cuadro en p. 156. Véase también Joseph Collins y Medea Benjamin, *No free lunch: food and agricultural policy in Cuba,* San Francisco, Institute for Food and Development Policy, 1983.

Carta de Ratzinger: La Instrucción puede encontrarse en *National Catholic Reporter,* 21 de septiembre de 1984; las referencias siguen a los párrafos. Juan Luis Segundo, *Theology and the Church: a response to Cardinal Ratzinger and a warning to the whole Church,* Minneapolis, Seabury-Winston, 1985.

CAPÍTULO 13

Cartas pastorales de los obispos norteamericanos: "The challenge of peace", en *Origins* 13, núm. 1, 19 de mayo de 1983; 4. Segundo bosquejo de "Pastoral letter on catholic social teaching and the U. S. economy", 7 de octubre de 1985, par. 46, p. 14.

impreso en el arte de imprimir
dr. federico gómez santos 151, col. doctores
deleg. cuauhtémoc-06720 méxico, d. f.
tres mil ejemplares más sobrantes para reposición
8 de abril de 1989

LIBROS DE PAULO FREIRE EN SIGLO XXI

LA EDUCACIÓN COMO PRÁCTICA DE LA LIBERTAD

LA IMPORTANCIA DE LEER Y EL PROCESO DE LIBERACIÓN

¿EXTENSIÓN O COMUNICACIÓN?
La concientización en el medio rural

PEDAGOGÍA DEL OPRIMIDO

CARTAS A GUINEA-BISSAU
Apuntes de una experiencia pedagógica en proceso